# 北京的未来之城雄安和副中心通州80年记

80 YEARS OF BEIJING'S FUTURE CITY XIONGAN AND SUB-CENTER TONGZHOU

—— 北京建都后的第四个里程碑

THE FOURTH MILESTONE AFTER THE ESTABLISHMENT OF BEIJING AS THE CAPITAL

吴季松 ◎ 著

WU JISONG

河海大学出版社
·南京·

图书在版编目（CIP）数据

北京的未来之城雄安和副中心通州 80 年记：北京建都后的第四个里程碑 / 吴季松著. -- 南京：河海大学出版社，2024.9. -- ISBN 978-7-5630-9282-6

Ⅰ．F299.271

中国国家版本馆 CIP 数据核字第 2024VC5610 号

| 书　　名 | 北京的未来之城雄安和副中心通州 80 年记——北京建都后的第四个里程碑<br>BEIJING DE WEILAI ZHI CHENG XIONGAN HE FUZHONGXIN TONGZHOU 80 NIAN JI——BEIJING JIANDU HOU DE DI-SI GE LICHENGBEI |
|---|---|
| 书　　号 | ISBN 978-7-5630-9282-6 |
| 责任编辑 | 张　砾　沈　倩 |
| 特约校对 | 倪美杰 |
| 装帧设计 | 林云松风 |
| 出版发行 | 河海大学出版社 |
| 地　　址 | 南京市西康路 1 号（邮编：210098） |
| 电　　话 | （025）83737852（总编室）<br>（025）83722833（营销部） |
| 经　　销 | 江苏省新华发行集团有限公司 |
| 排　　版 | 南京布克文化发展有限公司 |
| 印　　刷 | 南京新世纪联盟印务有限公司 |
| 开　　本 | 787 毫米×1092 毫米　1/16 |
| 印　　张 | 14 |
| 字　　数 | 248 千字 |
| 版　　次 | 2024 年 9 月第 1 版 |
| 印　　次 | 2024 年 9 月第 1 次印刷 |
| 定　　价 | 85.00 元 |

# 序

## Preface

中华人民共和国成立 75 周年在即，每个中国公民和海外华人尽管年龄不同、经历不同、职位不一，心情却同样激动，这种情感是坚持和发展中国特色社会主义、实现中华民族伟大复兴的中国梦的基石。

我在北京久居近 80 个年头，4 岁半参加了开国大典，当时的盛况依然历历在目，恍如昨日，如今回忆起来更有一番独特的感受，因此希望给 75 周年国庆献份厚礼。现商湿地生态修复全国重点实验室筹委会、河海大学与中国雄安集团公司院士工作站谨以本书奉上。

18 年前的 2006 年，我是北京奥申委主要成员并担任北京奥组委奥运总体影响项目顾问。北京奥组委的领导让我写一本适应国际需求的介绍北京的书，虽有难度，但我觉得义不容辞。于是，我花了一年时间，在摄影师朋友胡晓明帮助下写了《我爱北京》画册，并请王岐山市长作序。当时搜集了我已进行了 28 年的全球生态系统和城市化考察到过的巴黎、伦敦、柏林、罗马、莫斯科、开罗、约翰内斯堡、伊斯坦布尔、新德

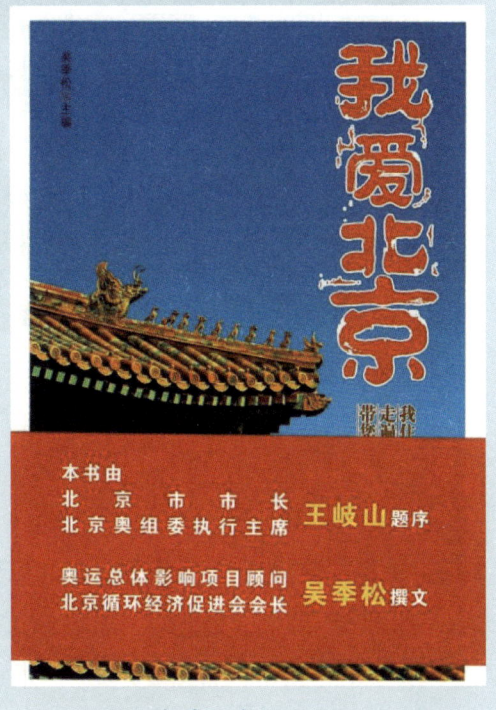

《我爱北京》画册

里、卡拉奇、雅加达、东京、纽约、华盛顿、墨西哥城、布宜诺斯艾利斯和悉尼等 20 多个城市的旅游介绍，取其长，略其短，最终成书（英、中文版）。

在北京奥运会期间，《我爱北京》摆满首都机场、奥运村和北京各大主要书店，国内外友人争相购买。特别是国际奥委会原主席萨马兰奇先生对我说："这是我在奥运举办地看到的最好的旅游介绍。"国际奥委会主席罗格先生对我说："有了这本书以后来北京不需要导游了。"许多代表团官员和我认识的布勃卡等优秀运动员都说这本书是国际水平的。我对北京奥运会做了点小贡献，《我爱北京》用"我♥北京"，开启了"比个心"的新模式。

2000 年，吴季松带领中国代表团参加欧洲奥委会年会，在展台前会见国际奥委会主席萨马兰奇

我参与的北京奥运建设是北京千年建都史上的第三个里程碑，转眼 18 年过去，现在我依然参与并承担责任的北京副中心通州和雄安新区建设是第四个里程碑，这是跳出北京建北京的全新构想和模式。

在河海大学出版社全力支持下，我撰写了第二本画册作为《我爱北京》的续集，让来京参加 75 周年国庆庆祝活动的国内外来宾和游客，可以通过本书对北京有个承前启后的认识,更好地了解不断前进的中国,更深入地了解日新月异的北京。

2001年,吴季松和老朋友、即将当选国际奥委会主席的罗格先生在中国驻俄罗斯使馆中互相祝贺

在此,我向提供资料的北京城市副中心管委会和通州区政府致以深切的谢意。

# 目录
CONTENTS

## 第一篇　北京千年建都史上的第四个里程碑

### 一、我与北京千年建都史上的第四个里程碑：副中心和雄安新区　　4

（一）第一个里程碑——明清内外城（二环内）和紫禁城　　/4

（二）第二个里程碑——1958年新天安门广场和人民大会堂等十大建筑　　/5

（三）第三个里程碑——1988年的亚运村和2001年的奥运村　　/6

（四）第四个里程碑——2017年"跳出去"建副中心通州和雄安新区　　/8

（五）我与四个里程碑，或为邻，或参与，或选址，或投入　　/10

### 二、在六大洲考察20个大国首都迁都，建副中心、新城和卫星城　　14

（一）罗马、伦敦和东京的卫星城没能缓解"大城市病"　　/15

（二）里约热内卢和墨西哥城的"大城市缺水病"无法就近解决　　/16

（三）近距离疏解治不了卡拉奇和马尼拉的"大城市病"　　/17

（四）拉各斯和约翰内斯堡都有巨大的贫民城区　　/18

（五）纽约不是首都，但"大城市病"严重　　/20

## 三、中国共产党的发源地北大红楼是我的故乡     **24**

  （一）我的故乡很传奇，是北大红楼   /24
      1. 北大红楼建在湿地——沙滩   /25
      2. 北大红楼有三位中共创始人的办公室   /26
      3. 我坐在李大钊座椅上的初心   /27
      4. 品毛泽东光顾过的早点摊   /29
      5. 百国归来，北大红楼仍是我心中最崇高的楼   /30
      6. 两个"红楼"：一座楼，一本书   /32
      7. 我4岁半就在民主广场做过地下工作   /32
  （二）老天安门广场　一段应铭记的历史   /34
  （三）北京的城墙　一段忘不掉的"乡愁"   /35

## 四、疏解非首都功能必须"跳出去"     **40**

  （一）北京的自然资源禀赋   /40
  （二）水是北京最关键的短缺资源   /42
  （三）循郭守敬治水足迹   /43
  （四）爬遍京郊燕山为北京艰苦寻水源两年的收获   /51
      1. 寻遍燕山无大水   /52
      2. 燕山横，路难行，天如火，水难寻   /54
      3. 北京原始森林的毁灭是水源枯竭的主要原因   /56
      4. 安营扎寨，连续调研   /57
      5. 意外的收获   /59
  （五）焦若愚市长知道我在燕山为北京找水源后对我的褒奖   /62
  （六）找到另两个水源：节水和再生水　创新水务管理和经济体制   /64
      1. 水务局——涉水事务改革的新体制   /65
      2. 提倡循环水产业，利用再生水   /67

## 第二篇　为什么副中心是通州，疏解地是雄安

### 一、北京城市副中心——通州　　74

（一）副中心——通州的历史　　/74
（二）建设北京城市副中心通州　　/76
（三）高质量发展的城市建设　　/78
　　1. 城市副中心（通州区）老旧小区改造　　/79
　　2. 花园城市建设　　/79
（四）人脉与北京城相通　　/80
　　1. 曹雪芹与通州　　/80
　　2. 通州以路名缅怀抗日名将　　/84
　　3. 我所认识的通州名人——李希凡的风骨　　/85
　　4. 60年前骑车贯通州　　/86
　　5. 雄安新区和副中心通州的策划和建设者都有我的博士　　/88
（五）水脉与北京城相通　　/89
　　1. 大运河通州段　　/89
　　2. 通州名镇张家湾　　/92
　　3. 沿河森林公园景观　　/95
（六）副中心2025年碳增汇碳减排规划　　/96

### 二、疏解非首都功能的未来之城为什么是雄安　　100

（一）雄安的史脉和地利　　/100
（二）雄安的水脉　　/102
（三）雄安新区是国际未来之城　　/103
　　1. 雄安新区未来之城已拔地而起　　/104
　　2. 雄安新区人工智能的高新技术产业发展以瞪羚企业为着力点　　/107

## 三、白洋淀湿地是雄安新城的生态依托　　　　　　　　　　　112

（一）白洋淀是雄安新城选址的基础　　　　　　　　　　　　/112
　　1. 要向白洋淀蓄滞洪水，首先要通过白沟引河分洪　　　　/115
　　2. 蓄水、净水和节水　　　　　　　　　　　　　　　　　/116
　　3. 污染治理，还白洋淀一池清水　　　　　　　　　　　　/119
　　4. 恢复生物多样性是生态修复的重中之重　　　　　　　　/120
（二）恢复白洋淀动植物系统是白洋淀生态功能的保证　　　　/121
　　1. 参考湿地的概念　　　　　　　　　　　　　　　　　　/121
　　2. 白洋淀湿地植物系统　　　　　　　　　　　　　　　　/122
　　3. 湿地植物系统修复的物种选择　　　　　　　　　　　　/126
　　4. 白洋淀野生动物系统　　　　　　　　　　　　　　　　/130

# 第三篇　我与白洋淀相识68年　从事生态修复8年

## 一、"白洋淀是湖泊还是湿地"的科学争论　　　　　　　　146

## 二、在北京主持召开首届中国国际湿地高层论坛　　　　　　152

## 三、白洋淀专项规划　　　　　　　　　　　　　　　　　　158

（一）《白洋淀申请湿地国家公园及国际湿地城市条件研究》　/158
（二）《雄安新区（白洋淀）国际湿地博物馆展陈规划》　　　/160
　　1. 概况　　　　　　　　　　　　　　　　　　　　　　　/160
　　2. 功能定位　　　　　　　　　　　　　　　　　　　　　/161

## 四、为白洋淀生态修复规划藻苲淀生态湿地恢复工程做可行性研究报告　166

（一）藻苲淀退耕还淀生态湿地恢复工程的意义　　　　　　　/166

（二）工程研究范围　　/168
　　（三）实地调查问题　　/169

五、《湿地公约》缔约方大会的国际斗争　　**178**

六、我的湿地白洋淀生态修复专著　　**184**

七、组织16位全国政协委员联名提交提案建立湿地生态修复全国重点实验室　　**188**

八、我在白洋淀接受央视《鲁健访谈》专访　　**194**

九、《北京日报》整版报道《吴季松：守护"地球之肾"》　　**198**

十、海河"23·7"流域性特大洪水后沿习近平总书记视察全线科研调查　　**202**
　　（一）永定河及其支流段实地调查　　/204
　　　　1. 斋堂水库调查　　/204
　　　　2. 三家店引水枢纽调查　　/206
　　　　3. 永定河门头沟段调查总结　　/206
　　（二）白沟河涿州段实地科研调查　　/208
　　（三）增加白沟引河工程是白洋淀蓄滞洪区建设的关键　　/209
　　（四）全线调查研究的总结　　/211

# 第一篇

# 北京千年建都史上的第四个里程碑

我与北京千年建都史上的第四个里程碑:副中心和雄安新区
在六大洲考察20个大国首都迁都,建副中心、新城和卫星城
中国共产党的发源地北大红楼是我的故乡
疏解非首都功能必须"跳出去"

第一个里程碑——明清内外城(二环内)和紫禁城
第二个里程碑——1958年新天安门广场和人民大会堂等十大建筑
第三个里程碑——1988年的亚运村和2001年的奥运村
第四个里程碑——2017年"跳出去"建副中心通州和雄安新区
我与四个里程碑,或为邻,或参与,或选址,或投入

第一章

# 一、我与北京千年建都史上的第四个里程碑：副中心和雄安新区

据著名历史学家侯仁之先生考证，北京建城从公元前1045年蓟城建设开始，至今已3 069年。北京建都从金朝1153年开始至今已871年，成为五朝古都。自建都以来北京城发生了四次巨大的变化，第四次大变化是在百年未有之大变局和中国特色社会主义进入新时代中的北京城市副中心和雄安新区建设，既是"国家大事"，又是"千年大计"，是在中国特色社会主义新时代出现的第四个里程碑。

我自1946年在北京居住至今已有78年，住在第一个里程碑下，经历或参与了北京后三个里程碑的建设，对北京有深沉的乡愁。今年是中华人民共和国成立75周年，尤其是"北京中轴线"入选《世界遗产名录》（我曾为联合国教科文组织世界遗产委员会中国委员）之年，四个里程碑串联了这78年的乡愁。

北京城自建都起一直沿"龙脉"移动，这里所说的"龙脉"即"水脉"，就是古时相连的副中心通州的延芳淀和雄安的白洋淀。从新中国成立开始，人民是北京的主人，不但讲水脉，还有人民——文脉，历史上北京的燕赵文化不仅包括了通州也包括了雄安。

## （一）第一个里程碑——明清内外城（二环内）和紫禁城

第一个里程碑是1420年封建王朝明朝所建、到清朝不断完善的北京内外城和紫禁城，至今已有604年，是我国传统建筑布局和艺术的典型杰作。北京中轴线及全城空间结构，不仅仅是中国人民的宝贵财富，也属于全人类。

故宫博物院

## (二) 第二个里程碑——1958年新天安门广场和人民大会堂等十大建筑

第二个里程碑是新中国成立后，1958年以毛泽东同志为核心的党的第一代中央领导集体决定在故宫的南面大规模扩建和改造天安门广场。新天安门广场成为具有悠久历史的北京中轴线的中心，显示出在城市建设上"古为今用，承先启后，推陈出新"的时代特征。

此次改造还计划建设人民大会堂等十大建筑。1958年20多支青年突击队进驻人民大会堂工地，其中就有张百发钢筋工青年突击队，他们在工地上日夜奋战10个月，实现了向新中国成立10周年献礼的目标。

奋战中的张百发突击队。吴季松曾作为优秀少先队员给工地上的张百发突击队送水

突击队三班倒连轴转,从无节假日,睡觉也和衣靠在脚手架旁。当年我14岁,作为优秀少先队员参加了建设人民大会堂的义务劳动——给张百发突击队送水。为保质保量完成任务,工人不分昼夜、挥汗如雨、热情高涨,让我铭记于心。

创新要守正,20世纪50年代,曾有人提出故宫太大,是封建王朝的象征,要对它进行改造,提出利用故宫午门前广场的建议。市长彭真(兼任北京市规划委员会主任)对此坚决否定,保住了完整的故宫。

## (三)第三个里程碑——1988年的亚运村和2001年的奥运村

第三个里程碑形成于改革开放的年代。1988年以邓小平同志为核心的党的第二代中央领导集体决定,在旧南北中轴线北端点,为迎接第11届亚运会的召开兴建亚运会主会场;2001年北京再次申办2008年奥运会,决定在洼里乡新建奥运场馆。

亚运村十周年纪念碑

我参加了奥运场馆规划选址工作,力主利用洼里乡这片干涸的湿地。时任北京市副市长张百发主持了奥运村、鸟巢和水立方的建设。我们40年后再次相遇,他说:

"我还记得你当年在人民大会堂工地送水。"让我吃惊不小。选址确定后,北京市市长焦若愚送我一只长达1.2米的绒毛大老虎以示祝贺。

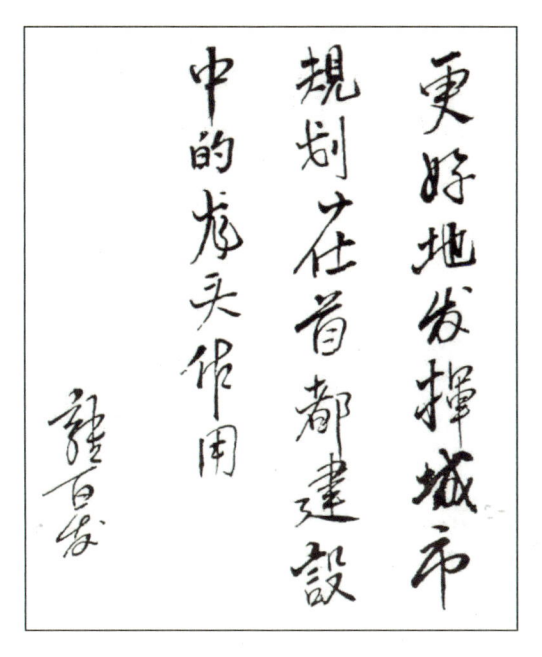

更好地发挥城市规划在首都建设中的龙头作用

张百发

北京市原副市长张百发(负责亚运村和奥运村建设)题字

2001年选址时的洼里

今天的洼里车水马龙

自1998年大洪水后,北京大旱,供水严重短缺,当时的北京市领导已经认识到北京"摊大饼"的城建模式是不可持续的,交通、供水问题严重。2001年我任全国节约用水办公室常务副主任、水利部水资源司司长,又兼任北京奥申委成员,受命解决北京缺水和奥运用水问题。当时提出两个办法,一是调水入京,但调水是有限的;二是控制人口。据此制定了《21世纪初期(2001—2005年)首都水资源可持续利用规划》,保住了北京水资源脆弱的供需平衡,朱镕基总理批示:"这是一曲绿色的颂歌,值得大书而特书。"

## (四) 第四个里程碑——2017年"跳出去"建副中心通州和雄安新区

尽管亚运村和奥运村都选在四环至五环之间建设,但仍不能解决北京人口密度和水资源问题。

第四个里程碑是在中国特色社会主义新时代建副中心通州和雄安新区。2016年3月习近平总书记阐明了这第四个里程碑的指导思想:从国际经验看,解决"大城市病"问题基本都用"跳出去"建新城的办法。

国际经验首先是借鉴巴黎。巴黎是世界首屈一指的大城市,1920年巴黎市区仅105平方千米(为北京市三环内的2/3),就聚集了290万人口,交通拥堵,空气污浊,供水不足,房价高企,已经不是一座宜居的城市。

自20世纪50年代起巴黎采取了"跳出去"的办法来解决"大城市病":在近郊拉德芳斯建了副中心,转移了巴黎市政机构,在远郊萨克雷建立包含科研机构和大学新校区的"新城"。在我1979年到达时已见成效,当时巴黎人口已降至210万,减少了28%。

巴黎市区(小巴黎)的20个区

北京市中心东城区和西城区面积为92.5平方千米,人口已从2016年副中心和雄安新区开始建设前的213.7万降到2023年的180.2万,减少了15.7%。从人口疏散上说,北京在8年内完成了巴黎近30年的工作。

巴黎副中心拉德芳斯,中心为新凯旋门

1979年我作为改革开放后第一批出国访问学者在法国原子能研究中心任题目组长,我当时住在新城萨克雷边缘的科研人员居住区,但办入住手续要到拉德芳斯。

## (五) 我与四个里程碑,或为邻,或参与,或选址,或投入

第一个里程碑:我原家住东城区沙滩,距现在北京城市的象征故宫护城河内的东北角楼不到300米,从1946年入住到1986年搬离,有20年几乎天天在护城河边散步,看角楼落日的余晖,视为故乡。

吴季松家对面的故宫角楼

第二个里程碑：我年仅14岁亲自参加了建设，66年过去仍引以为荣。

第三个里程碑：我亲自参加选址和开工的培土奠基，已经是建设工程中的一员。

第四个里程碑：自2017年我被聘为中共中央、国务院批准设立的"雄安新区规划评议专家组"成员已8年，是这座里程碑的规划与建设者。

1946年至今已78年，作为与这四个里程碑密切相关、为数极少的今天仍健在的北京市民，我倍感荣幸，老骥伏枥，初心不忘；责任在肩，使命牢记。

2007年，北京奥运会举办前，领导让我写北京奥运旅游介绍。于是，我以国际标准撰写、审定《我爱北京》3万字中文稿，草拟了英文稿。《我爱北京》作为北京夏季奥运会的第一宣传品，王岐山市长欣然作序，摆满机场、奥运村和赛场，奥运期间各代表团人手一册。

## 欢迎来北京

北京是一座历史悠久的城市，凝聚着中华文明的精粹，北京又是一座充满活力的城市，散发着现代文明的魅力。赢得2008年夏季奥运会的主办权，为北京发展带来了历史机遇，这既是北京的机遇，中国的机遇，也是世界的机遇。

北京欢迎世界各地的朋友，因为我们来自同一个世界，有着同一个梦想，我们的世界是一个和谐的世界，我们的梦想承载着亿万人民共同的心声。世界各地的朋友来到北京，了解北京，一定会爱上北京，在此可以触摸历史的脉搏，感受文明的活力，倾听梦想的律音。

有了解，才有友谊；有认识，才能合作。在《我爱北京》一书中，吴季松教授以他在北京60年的经历，从一位学者的视角，展现了北京多姿多彩的风貌，相信会对国内外读者了解北京有所帮助，增进世界各地朋友对北京的热爱。

让我们一起来创造美好的明天，实现同一个梦想。

北京市市长
北京奥组委执行主席  王岐山
2007年3月22日

时任北京市市长王岐山为《我爱北京》作序

罗马、伦敦和东京的卫星城没能缓解"大城市病"
里约热内卢和墨西哥城的"大城市缺水病"无法就近解决
近距离疏解治不了卡拉奇和马尼拉的"大城市病"
拉各斯和约翰内斯堡都有巨大的贫民城区
纽约不是首都,但"大城市病"严重

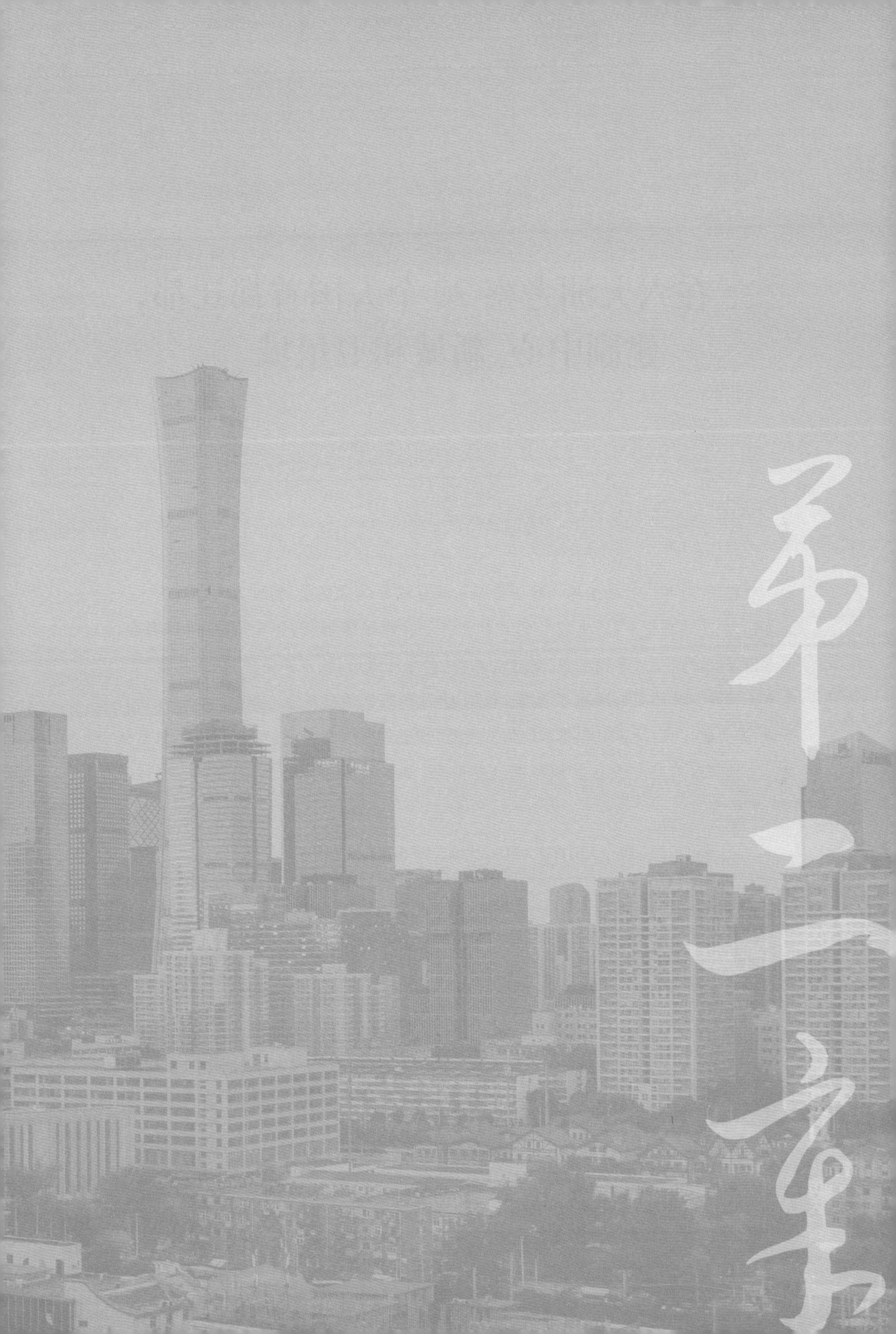
第一章

# 二、在六大洲考察 20 个大国首都迁都，建副中心、新城和卫星城

我在用 40 年进行的全球 106 国生态系统和城市化考察中，到过六大洲所有大国的首都，发现建都较早、历史较长的首都无一不存在城市拥挤、住房困难、房价高企、供水困难、治污不力、车辆过多、交通堵塞、城市空气污染、城市热岛效应、贫民窟林立等十大问题。我还实地考察了巴黎、伦敦、纽约和东京的贫民区，德里、卡拉奇、墨西哥城、里约热内卢、拉各斯和雅加达的贫民窟，那里的贫富悬殊让人触目惊心，深感忧虑。当地市政府想方设法就地解决这些问题，但都不彻底。要下"变化"的决心，做"持续"的努力。

**20 个大国首都为解决"大城市病"采取的措施情况表**

| 序号 | 城市 | 始建年代 | 大洲 | 措施 | 序号 | 城市 | 始建年代 | 大洲 | 措施 |
|---|---|---|---|---|---|---|---|---|---|
| 1 | 北京 | 前 1045 | 亚洲 | 副中心、新城 | 11 | 首尔 | 1394 | 亚洲 | 副中心 |
| 2 | 罗马 | 前 753 | 欧洲 | 卫星城 | 12 | 东京 | 1457 | 亚洲 | 卫星城 |
| 3 | 伊斯坦布尔 | 前 658 | 欧亚 | 迁都 | 13 | 马尼拉 | 1571 | 亚洲 | 卫星城 |
| 4 | 德里 | 前 100 | 亚洲 | 新城 | 14 | 里约热内卢 | 1565 | 南美洲 | 迁都 |
| 5 | 伦敦 | 50 | 欧洲 | 卫星城 | 15 | 拉各斯 | 1600 | 非洲 | 迁都 |
| 6 | 巴黎 | 358 | 欧洲 | 副中心、新城 | 16 | 曼谷 | 1782 | 亚洲 | 卫星城 |
| 7 | 开罗 | 641 | 非洲 | 迁都 | 17 | 悉尼 | 1785 | 大洋洲 | 迁都 |
| 8 | 莫斯科 | 1147 | 欧洲 | 卫星城 | 18 | 华盛顿 | 1791 | 北美洲 | 卫星城 |
| 9 | 柏林 | 1307 | 欧洲 | 卫星城 | 19 | 卡拉奇 | 1839 | 亚洲 | 迁都 |
| 10 | 墨西哥城 | 1325 | 北美洲 | 卫星城 | 20 | 约翰内斯堡 | 1886 | 非洲 | 迁都 |

怎么办？大家都不约而同地想到了"跳出去"的解决办法。最彻底的是迁都，但带来的问题也很多；建卫星城次之，但仍不能解决交通拥堵、供水困难等问题。建设副中心，转出市政功能；在附近建新城，疏解非首都功能：比较而言，这二者是较好的办法，已被多国采用。

## （一）罗马、伦敦和东京的卫星城没能缓解"大城市病"

1981年我来弗拉斯卡蒂考察核研究所。弗拉斯卡蒂小山镇在罗马的近郊，是罗马的卫星城。居民在市内工作，车辆拥堵问题在这里并没有解决。由于小镇依然人口过多，虽有政府投入，但还有人住在摇摇欲坠的房子里，说"贫民窟"是名副其实。这是我第一次进入西方的"贫民窟"。

在一个孤身一人的老太太家中，我们看到地面很脏，堆满废品，落满尘土的蛛网封住了屋角，而老鼠则在屋边窜来窜去。然而，她还是享受着现代文明，12个按钮的彩色电视有20多个电视台可供选择。我送了老太太一个纪念品，她说："今天真是我的大喜日子，我第一次见到了中国人，而且还送我东西，要知道，这是10年来我第一次收到礼物。"直到我走远了，老太太还立在门边。

东伦敦是闻名世界的工人聚集区，已有200年历史，紧连伦敦，应算伦敦的卫星城，仅就空气而言比伦敦更差，并直接影响伦敦。我走在东伦敦的街道上，被砸坏的门窗、弃置不用的旧房，摇摇欲坠的危楼和残破不全的断壁到处都是，贫困随处可见。

东京热情的主人安排了我们乘艇游览东京湾。回程中日本朋友特地把卫星城指给我看。无家可归的人临时搭建起木板屋、纸板屋和塑料布屋，各种"屋"都用蓝塑料布遮起，看起来倒整齐划一。原来是东京市政府每月清扫一次，拆除这些临时"建筑"，这些贫民像等待房屋装修一样到地铁站等地暂避一时，一打扫完马上又回来，重新搭建新居，还蒙上统一的塑料布。看来不"跳出去"终究是解决不了大城市问题的。

罗马、伦敦和东京的卫星城都没有解决脏乱区和交通拥堵的问题。

东京卫星城最好的板房也难经大风暴雨（吴季松摄）

## （二）里约热内卢和墨西哥城的"大城市缺水病"无法就近解决

巴西第一大城里约热内卢（后简称里约）人口1 800万，处于巴西相对缺水的地区，虽年降雨量超过1 000毫米，但一年中有3个月旱季，由于人口过多，年人均水资源量小于1 000立方米，旱季供水时常发生困难。2004年我们驱车向东去距里约市中心48千米的卫星城新伊瓜苏的自来水厂，这里供水依然紧张。

当时这里正在着手制定进一步调水的计划。西代伊公司的主管对我说，里约地区对周围河流的调水已近生态临界，再调水会有生态问题，长距离调水不但成本高昂，而且输送、保护都很困难。

对于世界上特大城市的盲目扩张该不该有限制？向已经缺水的特大城市集中人口，必然造成更严重的缺水，只能调水。由于水资源难以远距离调配，近距离调出地区也不算丰水，而且自身也要发展，所以盲目扩张会导致本不缺水的这些地区日趋缺水，此时又需要再从远处调水。看来这个恶性循环在世界上不少地区还在进行着，要可持续发展就必须与自然和谐。

2006年我在墨西哥城的北郊贫民窟考察。从墨西哥北部荒凉贫瘠土地上来的进城农民，在道路两边搭起临时房屋，这片地区逐渐成了墨西哥城的卫星城。建在

第一篇 北京千年建都史上的第四个里程碑

/ 17

路边的进城务工农民的房屋可分四级：一级是砖房，房外还涂了彩画，有较大的院子，有的还摆上两盆花；二级也是砖房，但是由碎砖搭建，不涂色彩，院子也小；第三级是砖泥混合的屋墙，石棉瓦的屋顶，没有院子；第四级建在山坡上，房子是干打垒的，或是破木板的，还有废弃的车厢。黄色的、棕色的和红色的房子在山上五彩斑斓，晒

在墨西哥城山坡的原住民保留地

的衣服迎风招展，仿佛是万国旗帜。在山上的贫苦进城农民也分等级：房顶有黑煤气罐的是最穷的；房顶上有白盒子样太阳能装置的，就是比较富裕的了。

由于缺水，这里根本没有自来水，更没有抽水马桶和淋浴等水卫生设施。

## （三）近距离疏解治不了卡拉奇和马尼拉的"大城市病"

我考察卡拉奇近郊的贫民窟时看到，在一片洼地上，干打垒的泥棚、简易的草棚和几根竿子支撑的布棚在那里汇成一片。天真的小姑娘们和灰色的毛驴、黄色的大狗在棚前的泥地里挤作一团。在棚户区边的高岗上停着几辆大篷车，穷人们几乎每天乘大篷车离开贫民窟，到卡拉奇的大街上去换几个小时环境，吸吸干净空气，饱饱眼福。

大篷车是卡拉奇近郊一景，还不只是汽车，也有马车、驴车，都同样被装扮一番，马身上画着花纹，挂着彩穗，在市区大街上穿行。还有专为旅游者准备的豪华马车。驴车则装饰得更为鲜艳，像一顶花轿，是专门给小孩乘的。

贫民离开了卡拉奇市中心，就近疏解，但谁能让他们不回来呢？结果就是城市交通更加拥挤，空气更为污浊。

在卡拉奇街头

马尼拉的贫民窟（吴季松摄）

农民进城至少在马尼拉已造成了严重的问题。无业农民在城市中到处可见，我曾从四个不同方向进出城，每个城郊都有贫民窟，乱搭乱建的板房，没有任何卫生设施，成了马尼拉最为脏乱差的地区，与高楼林立的新区形成鲜明的对照。

我见到的一个贫民窟就在马尼拉市的两大风景点之一的圣地亚哥城堡墙外，站在城墙上，可以把这个"贫民别墅"看得一清二楚。在城堡外的椰树林内，有两座轻型石棉瓦顶的板楼。顶是红、蓝、白色的，墙是三合板、木板和层压板纵横交错的，柱是木柱、树干和水泥柱长短混杂的，真是对建筑垃圾的很好利用。马尼拉疏散在近郊的居民要骑电动车和摩托去市中心找工作，反而加剧了城市的拥堵。

## （四）拉各斯和约翰内斯堡都有巨大的贫民城区

尼日利亚的千万大城拉各斯贫民区的贫穷程度在世界上都不多见。这一区在拉各斯岛与伊科依岛的交界处，由于交通阻塞，一般外国人是很难去的。我们的主人万先生，在行前一再嘱咐我们，不能下车时一定不要下车，不能开窗时一定不要开窗，甚至不能向窗外指点，否则会有麻烦。

在这个巨大贫民区里，教堂、清真寺和商店是仅有的像样建筑，被包围在棚屋之中，但房屋油漆斑驳脱落，屋檐缺瓦少椽，色泽暗淡，泥痕累累，只能依稀地猜出它旧貌的颜色。只有立于街边的雕像才能让人想象出当年百万人口时拉各斯的清洁、幽

拉各斯的贫民区

静的街景。城市可能多日无人清扫,在湿润的海滨街上居然有一层土。由于排水系统年久失修,雨后有一摊摊积水,土厚的地方就成了泥塘,让人难以相信这就是曾经美丽的拉各斯。

石油业兴起后农民到油田和城市工作,来到拉各斯,但没有多久就赶上经济衰退。街上摩托车多如牛毛,轿车都是被撞得坑坑洼洼的二手车。我们的新车在这里成为行人窥视的对象。街上步行的人、手推车、自行车、摩托车和汽车汇在一起,缓缓地向前蠕动,我们坐在车里干着急。人拥着车,车挤着人,人不躲车,车得看人,如不是担心安全问题,下来走肯定更快。街上车辆不分道行驶,好不容易见到一个交警做些疏导,但顾此失彼,力不从心。汽车过这一段几乎是寸步难行。

南非的城市贫民区是十分奇特的。2006年我从飞机上看见这样一道奇特的景观:在城市的郊区有一大片五颜六色的房子,占地很大。如果说是别墅区,它太密集,没有花园,而且房子都是方形的;如果说是政府给建的低租金住宅,颜色和规格又都不一样。这是什么街区呢?原来,这里是近郊贫民区。

由于以前种族隔离,南非的城市都有大片的黑人贫民区。约翰内斯堡世界闻名的索韦托贫民区,已经形成了一座城市。开普敦的贫民区是卡那利萨区,当时有45万人,占开普敦总人口的1/4,黑人占半数。

那时南非治安不太好,来的旅游者都不敢去贫民区,我们由水资源和森林部的官员陪同,进入贫民区"冒了一次险"。十分广阔的一片地方,没有柏油路,更没有立交桥;没有商店,更没有麦当劳;只有一幢幢铁皮和木头搭的、勉强能遮风雨的简易房子,与其说是房子,不如说是一个个集装箱。与欧美贫民窟不同的是,它不在九曲十折的老城区,而在一马平川的郊区空地;"城区"中的房子不是年久失修、东倒西歪,而是整整齐齐的方形,外面还漆了各色油漆,真是一个奇观。

开普敦水务局在这里建了污水收集和处理系统,使得这一地区每天有5万吨的供水使用后能得到处理,看不到污水横流、蚊蝇丛生的现象。而且,处理后的水80%都能回用,这是一个了不起的成绩,算"大城市病"得到一定的医治。但供水不足,居民没有卫生设备,用水需十分节约,卡那利萨区每人每月仅可用3.3吨水。

## (五) 纽约不是首都,但"大城市病"严重

1981年我一到纽约,哥伦比亚大学的朋友们就告诉我,纽约社会治安不太好,为了确保安全,早9点以前不要出去,下午4点之前一定要回来,哪条街最好绕着走,地铁最好不要乘,哈莱姆区当然更是禁区。

漂亮的纽约中央公园。公园北边就是拥挤的哈莱姆区(吴季松摄)

我不顾劝阻开始了哈莱姆之行。从纽约110街开始,仅走了几个街区就发现街上的异样,成群结队的小伙子站在人行道上,双手叉腰,无所事事,忽而目光炯炯地盯着行人,忽而转身向楼上大叫。大楼从建筑上看不出和其他区的差异,然而,玻璃残破不全,墙壁熏得漆黑,阳台上挂着五颜六色的衣服,窗口里传出吵闹刺耳的音乐。据说一些住户砸坏暖气、煤气和自来水管,市政府修了他们再砸,以至市政府只得放弃,不再来收房租。

我走进了一间咖啡馆。里边光线昏暗,气味不佳,客人不少。我一进门,全体顾客莫名其妙"唰"地一下站了起来,但是一言不发、气氛紧张,我进退维谷,只得要了一杯咖啡,在柜台前一饮而尽匆忙离开。直到走出门外,才听到里面一片沉重的

落座声和一阵喧哗。

越向前走,街道越脏,路边垃圾成堆,瓦砾场连着垃圾堆,有一段残墙上还挂着摇摇欲坠的外楼梯。铁架上两三层楼高的地方坐着两个黑人孩子,一男一女,露出他们雪白的牙齿,微笑着向我招手。街角有一堆堆人群在那里交头接耳,窃窃私语,他们警惕地盯着每一个行人。在紧张和恐惧之中,我终于走完了大约3千米的哈莱姆区,到了140街。

我的故乡很传奇,是北大红楼
老天安门广场　一段应铭记的历史
北京的城墙　一段忘不掉的"乡愁"

第三章

# 三、中国共产党的发源地北大红楼是我的故乡

我的故乡是北大红楼,那里有我忘不掉的乡愁。

## (一) 我的故乡很传奇,是北大红楼

现在"乡愁"已成了流行语,我的故乡很奇特,是北大红楼。为什么?那么要看"故乡"的定义,我给出的定义是:从3岁懂事到10岁(一般是初小毕业)连续住过7年的地方,不管它是城市还是乡村,高山还是密林,都是一个人的故乡。

我在与北大红楼一墙之隔的北京大学东斋宿舍从2岁住到10岁,2栋楼相距仅100米,有个小门相通。我6岁上小学前天天去玩,至10岁搬离前也每周至少3次去红楼下的五四运动游行的集合出发地"民主广场"活动。

我的故乡有五大特点:

① 北大红楼是中国共产党的发源地,党的创始人李大钊、陈独秀和毛泽东齐聚于

北大红楼正门

此，他们的办公室我都去过，我还无数次坐在李大钊的椅子上。

② 北大红楼距故宫角楼仅300米，距我家仅200米，住在"天子"脚下倍感历史厚重。

③ 当年北大红楼是附近最高的楼，我多次登顶看"故乡的云"，湛蓝的天空、白色的云朵、红砖的大楼、故宫护城河碧绿的流水，不亚于任何优美的故乡。

④ 我的乡里乡亲不是北大教授、职员就是北大学生，哪里去找这样的"乡党"呢？

⑤ 以北大红楼为故乡的人今天在世的还有几人？我们能否一聚？

北大红楼现在是红色教育基地，我是在这里长大的。

## 1. 北大红楼建在湿地——沙滩

至今大多数人都不知道，当年北大红楼是建在湿地上的。

北大红楼所在地就叫"沙滩"。在历史上北京是水乡，"沙滩"就是湿地。

北大红楼

红楼东原有一条排水沟，叫北河沿，延到南河沿入通惠河，而河流纵横正是湿地的特征。还有北池子、南池子和骑河楼都与水有关。

听北大老职工说,当年北大选址、买地、盖楼于此,是因为这里是内城最"荒"的地方,地价便宜。但在施工中出了问题,由于湿地地下水埋深很浅,一打就出水,要抽水夯实地基,导致造价增加了不少,几乎停工。最后,经蔡元培校长四处筹款,北大红楼才得以完工。

北大东斋宿舍毗邻红楼,地下水位也很高,我家门前栽的花草长得十分茂盛。

## 2. 北大红楼有三位中共创始人的办公室

北大红楼有中国共产党创始人李大钊、陈独秀和毛泽东的办公室。

1918年至1922年李大钊任北大图书馆
主任时的办公室

1918年至1919年陈独秀任北大文科
学长、教授时的办公室

北大红楼,一层东南角,北大图书馆原主任李大钊的办公室在119号房间。自1918年起,李大钊陆续在北大开设了"唯物史观"和"社会主义与社会运动"等课程,把马克思主义理论引入课堂,当年他就在此备课。

1918年至1919年毛泽东任北大图书馆
管理员时工作过的北大红楼第二阅览室

1918年冬天,李大钊与北大教授高一涵和邓中夏等人在北京大学秘密组织了一个研究马克思主义的团体。1920年10月,在北大红楼李大钊办公室,李大钊、张申府、张国焘三人秘密成立北京共产党小组,这是北京历史上第一个中国共产党的党组织。

### 3. 我坐在李大钊座椅上的初心

中国共产党的主要创始人之一李大钊(1889—1927),1918年任北大图书馆主任兼经济学教授,至1922年就坐在北大红楼中北大图书馆主任办公室写字台前的这把椅子上办公达4年之久。1920年李大钊正是坐在这间屋子里与共产国际的代表维经斯基长谈共商建立中国共产党。

李大钊在北大红楼一楼119号房间的办公室

1949年1月31日北平(今北京)解放后,李大钊的名字响彻全城。

在宿舍院里,我家距通红楼的小门仅100米,从小门进北大红楼也仅100米距离,一跑就到。

因我母亲是北大幼儿园主任,她廉洁奉公,怕幼儿园阿姨特别照顾我,尤其是

北大红楼边的原职工宿舍——东斋已被拆除，当年的旧物只剩门前的两株百年老树

在与其他小孩冲突时偏袒我，所以不让我上幼儿园。

我没有同龄的玩伴，又不愿意与保姆在一起，就在家周围、长宽各2千米的范围内闲荡。上小学前的一年半时间里，大半时间是在红楼里看北大教职员在楼里忙碌，看北大学生在下面的大操场上体育课。

我玩累了，找到一个可以去的地方，就是李大钊的办公室，那里可以休息。我先是爬到李大钊办公桌后的椅子上，环视四周的不少书籍、资料和期刊，当时学校正准备办李大钊的展览。5岁的我已认识很多字，就似懂非懂地看起来。屋里还有两个大箱子和一个躺椅，我有时坐在上面，比爬上椅子方便多了。

李大钊的文章中有一句："吾族今后之能否立足于世界，不在白首中国之苟延残喘，而在青春中国之投胎复活。"我对"投胎复活"琢磨了很久。后来这句话一直激励着我克服困难，为国家奋斗。而对"庶民的胜利"，却产生了误解，因为不认识"庶"字，就与西墙外水果店中的"甘蔗"联系起来，觉得一定是人民"追求甜蜜生活"的意思。

李大钊1919年发表的《我的马克思主义观》我不大看得懂，但是父亲吴恩裕教授书房的书柜中有1945年由商务印书馆出版的、父亲在伦敦政治经济学院博士（导师是社会党国际权威、"人权"理论首创者拉斯基教授）论文的中文版《马克思的政治思想》（商务印书馆于2008年再版，2017年作为"中华现代学术名著"再版），我想"观"大概就是"思想"的意思。

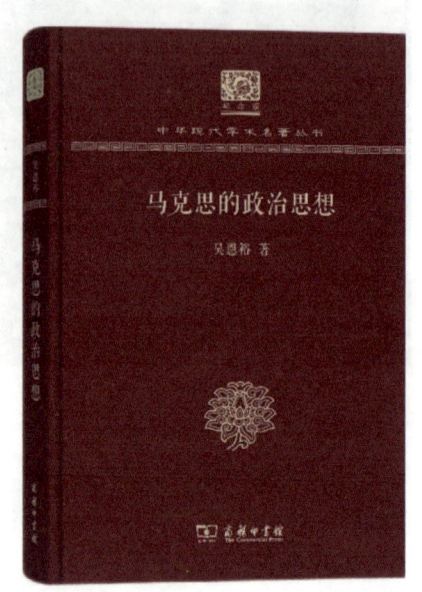

《马克思的政治思想》，吴恩裕，2017年12月

## 4. 品毛泽东光顾过的早点摊

1949年1月31日北平和平解放,我的邻居、当年在北京大学图书馆工作的王爷爷,给我讲了很多他解放前不敢讲的故事。

1918年毛泽东来到北京,他曾回忆"我是向朋友借钱去北平的,所以一到就得找事"。他在长沙师范学校的老师杨昌济时任北大教授,就请李大钊介绍他到北大图书馆做图书管理员,月薪八块大洋。当时的北大图书馆负责人王爷爷是我家在东斋的邻居,王爷爷说,当时毛泽东的工作就是登记读者信息和整理杂志。

位于景山东街三眼井胡同吉安所夹道7号(今吉安左巷8号)的毛泽东旧居

毛泽东后来回忆:"我自己在北平的生活是十分困苦的。我住在一个叫三眼井的地方,和另外七个人合住一个小房间,我们全体挤在炕上,连呼吸的地方都没有。每逢我翻身都得预先警告身旁的人。"

毛泽东每天早上到北大红楼南墙外的早点摊吃早饭,一碗豆浆或一碗小米粥,两根短粗的油条,再加一个烧饼。吃完再买两个烧饼当午饭,省出时间看书。1950年我上学后有了一点零用钱,便立即去那个早点摊,问摊主老爷爷:"您还记得毛主席在您这吃过早点吗?"他说:"小声点,当然记得,他天天来。"我按毛泽东当年的习惯要了一份,吃得无比香甜。

当年毛泽东光顾过的早餐小摊位于红楼南墙外

## 5. 百国归来，北大红楼仍是我心中最崇高的楼

我小时候住在北大红楼旁，那时感到北大红楼是世界上最高的楼。后来作为改革开放后的首批出国访问学者，我三次在国际组织工作，40 年中在 106 个国家做生态系统和城市化考察，到过纽约的世贸大楼、迪拜的世界第一高楼，但在我心中北大红楼仍是最崇高的楼。

北大红楼　　　　纽约世界贸易中心一号楼　　　　迪拜哈利法塔

1916年时任北大校长的胡仁源筹款大洋20万元建楼。大楼于1916年10月5日动工,于1918年8月31日完工,占地2 150平方米,建筑面积10 700平方米,呈"凹"字形,全用红砖砌成,被称为"红楼"。

北大红楼前为原民主广场,当年是标准的400米跑道的足球场。1919年五四运动爆发,以邓中夏和许德珩为首的北京市14所大、中学3 000多名师生在此集合出发。现为《求是》杂志社内花园

我家住的东斋门前有两棵洋槐,是百年老树。当年在北大红楼的人都已作古,只有两棵老树还在,是北大红楼活生生的历史见证,也是我党革命史的见证。当年毛泽东住三眼井,上班天天要从这里走过。

北大红楼不仅是革命家的圣地,也是学者的圣殿。记得1950年我已经上了小学,父亲吴恩裕教授和季羡林先生(他们是同学、同事)常站在两棵老树前面对红楼聊天,有时长达半小时之久。我家就在院里,为什么不进屋呢?可能在红楼下更有意义。

吴季松与父亲的同学、同事,亦师亦友、学贯中西的学界泰斗季羡林先生

## 6. 两个"红楼":一座楼,一本书

北大红楼是党的发源地,而《红楼梦》是享誉世界的第一名著,两个红楼还有点关系。

在《红楼梦》研究的历史上,北大教授地位突出,很多研究《红楼梦》的著名学者都与北大相关,都在红楼工作过。

先是北大原校长蔡元培,让古典小说得以进入大雅之堂;北大教授俞平伯,苦心研究《红楼梦》几十年;王昆仑、何其芳和吴恩裕教授等一系列星光熠熠的名字,都在红学研究上留下了浓墨重彩的一笔。今天北大开设的"北大与红学"系列课程仍有数十万大学生学习。

《红楼梦》研究家中王昆仑是父亲吴恩裕的师友,何其芳是父亲的朋友,他们都与北大红楼有历史渊源。

## 7. 我4岁半就在民主广场做过地下工作

值得回忆的是1948年10月,我在做地下工作的姐姐的指挥下,在五四运动30年后,在民主广场做了人生的第一次革命工作。

我住在北大红楼西侧的教工宿舍——东斋,与红楼仅一墙之隔,东墙有个小门相通。

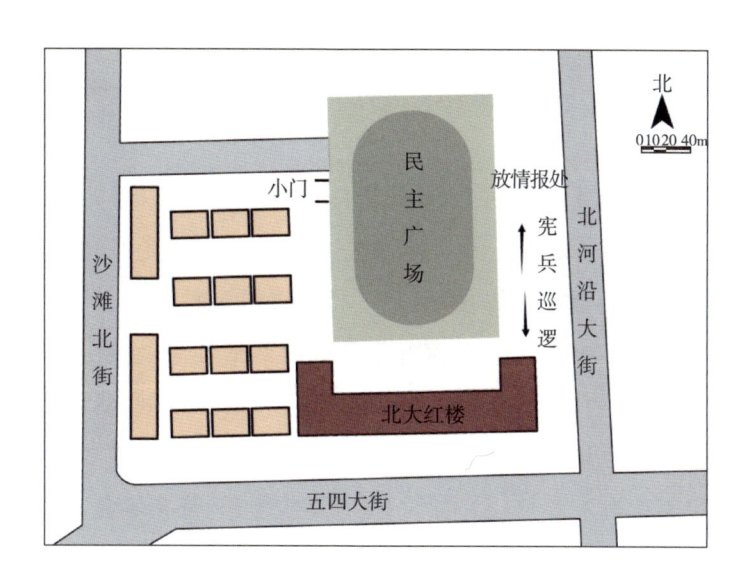

解放前的北大红楼民主广场示意图

当时,我才4岁半,就按做地下工作的姐姐的指挥传递情报小纸条。做法是穿上最好的衣服(显出是教授的儿子,不至被宪兵和便衣特务驱赶),从容从小门入民主广场,然后把国民党要抓捕的革命学生名单(事后才知道的)折多次成长方小条,若无其事地攥在手里,装作在民主广场上玩,看周围没人注意时在民主广场跑道外东侧的草坪,找个草高的地方放进去,再到远处偷偷盯着,直到看见有人蹲下佯作提鞋环顾四周后把纸条取走,再到实地确认才算完成"任务",还不能和远望着我的姐姐一齐回家。

虽然我从小胆大,当时也有点紧张,因为不断有手提警棍的国民党宪兵巡逻抓学生,如看我讨厌,让我吃一棍子我也受不了。

后来收到纸条的学生,在我父母的帮助下在我家书房藏了一夜,第二天才转移去解放区。

我幼时没事就在红楼里到处走。毛泽东当年做图书管理员时工作过的第二阅览室位于楼道南侧靠西的位置,边上有楼梯直通地下室,日本占领时期是日本宪兵司令部的刑讯室,白天都阴森森、冷飕飕的,有的门是开着的。当时年幼的我进去后看见房间布满蜘蛛网,墙上血迹斑斑,仿佛能听到抗日志士的呻吟,吓得急忙跑了上来。

## (二) 老天安门广场　一段应铭记的历史

今天的天安门广场是中华民族伟大复兴中国梦的象征，而儿时天安门广场是我在北京除红楼外心目中的第一个圣地。当年天安门广场是半殖民地半封建的残骸，驻军的日本使馆、英国兵营均在，那是一段应该铭记的历史。

天安门东西两边各有高达丈余的南北平行的两道红墙，在红墙中间，东西各开有一个高 8 尺、宽 5 尺的方门，专供人们来往穿行。刚解放时，我才 5 岁，就由大人领着穿过东"方门"到红墙里边玩。方门内中央是一条自北向南约 2 丈宽的石板路（即中华路）。路两旁种有松墙，松墙外的地上，有迎春、菊花等花卉与丁香、洋槐等树林。我去时是 1950 年春天，鲜花盛开，有小贩摆摊卖酸梅汤、刨冰和凉粉等小吃，还有算命的，和我家沙滩附近的一样，我盯着看是不是同一个人又到这里来算了，在大人不断催促下才走。

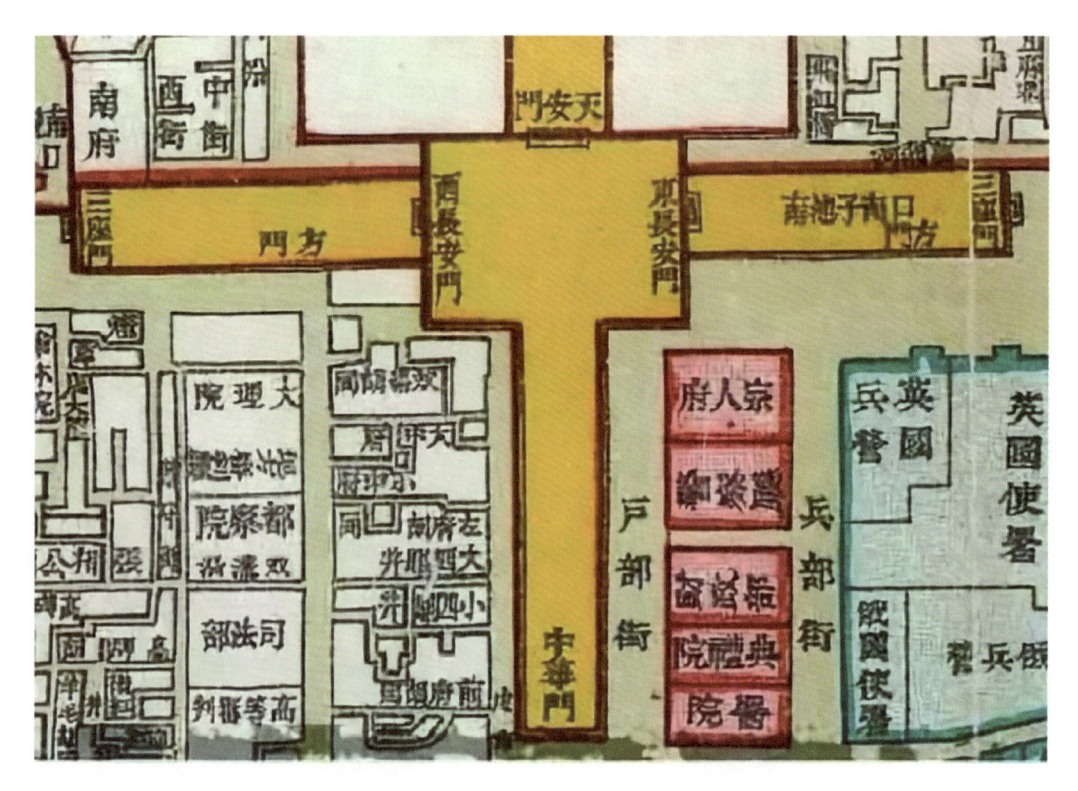

民国时期的天安门广场示意图

一到冬天,北风吹来,寒气袭人,天安门至金水河之间,荒草很多,十分破败。听说,解放前这里的树干上,时有因生活无路而寻短见的"吊死鬼",路边也有饥寒交迫的乞丐倒毙,北京话叫"卧倒",但我都没见过。

东西两边三座门及金水桥之间是片大空地,在五四运动期间,是北京的大学和高中青年学生集会的地方。

三座门阻碍交通,而且附近垃圾很多,车辆绕行,时常发生车祸。解放后,三座门因有碍交通被拆除。

20世纪50年代扩建广场时,方门的两道红墙和中华门都被拆除,石板路也被拆掉改为水泥砖地。

当时的天安门显示皇帝威严的三门两墙已经不存在,标志近代半殖民地半封建社会的外国军警站岗的使馆和兵营,余迹尚存,给儿时的我留下深刻的印象。

1949年10月1日我吃过午饭就独自离家远行,从北池子穿南池子到南池子南口去参加开国大典。此时已经人声鼎沸,我前面站着大人,什么都看不见。但我一直到晚上9时仪式举行完才离开回家,算是30万参加开国大典军民中的一员,当时万众欢腾的景象令

南池子南口

我终生难忘。我后来在清华的老师滕藤当年有幸在天安门金水桥前第一排拍了照,那一双大眼睛,20世纪40年代末的小分头,他喊着口号、跳跃欢呼的画面让人过目不忘,至今被电视节目无数次播放,成为永久的纪念。

## (三)北京的城墙 一段忘不掉的"乡愁"

1952年北京城墙开始拆除,至1958年外城城墙全部被拆,内城城墙至1970年全部被拆除。城墙是北京的历史,也是老北京人的乡愁。

当年李自成率农民起义军进北京就是从城门穿过城墙进入城中;而毛泽东领导中国人民革命胜利后"进京赶考"也是要从城门穿过城墙进入城中。

从百年屈辱史来讲,1900年八国联军进北京就是从城门穿过城墙进入城中,而1937年日寇进北平也是从城门进入,还都举行了"入城式"。

20世纪40年代末出生的北京孩子,都以到"城根儿"(北京话"城墙下")玩为极大的乐趣和无上的荣耀。

一是摆脱了狭窄的胡同,见到了天安门广场以外的另一片开阔地。

二是这片开阔地长达45里,走也走不到头,大概没有小孩能走完。但是人走累了只要原路返回就能找到起点,不会迷路。

三是远离家门是一次大胆的冒险,又喜又怕。

当时的北京内城有完整的城墙,墙前有广阔的空地,大街上有彩绘的牌楼和有轨电车。胡同有层次之分,大胡同里有许多大宅门;小巷狭窄,但还没有乱搭的小房。城中没有高楼,五层就是"摩天大厦"了。外城几乎无楼,多是小巷,房屋又破又旧,外城的南部有不少菜园和荒地。

挑着担子走街串巷的菜贩和推车子卖零食的小贩也包干划片,

1961年吴季松骑自行车出安定门所见城墙内墙

卖的都是老主顾,吃坏了肚子是找得着人的。北京还有一种叫"打鼓的",实际上是打小鼓收旧货的,流动范围较大,但也几乎和胡同里的人都认识。他们说自己是"绕城(墙)走"。

北京的基本居住单位是胡同。对于胡同有多种说法,我取信是"井"的意思,问了多位蒙古族人,蒙古语"井"的发音几乎与北京话"胡同儿"一模一样。

老北京的城墙围着胡同,胡同顶着城墙,在四方的城墙内形成长短不一、大小不齐、彼此相连、互相交叉的"井"字,和中轴线同样是北京的特征,而且更加神秘。

我到了初中开始踢足球,看拆城墙时,有个奇妙的想法:要是不拆城墙,沿墙下

北京仅余的崇文门东南角楼俯视图

空地修一圈足球场多好。算了一下可以修 150 个,足够北京中学生和邻近的小学生用了,有城墙挡着就不用跑远捡球,在城墙上看比赛更是享受。

600 年前的北京城墙仅存一段内城墙遗址,在崇文门至城东南角楼一线,全长 1.5 千米。2000 年建城墙遗址公园,许多市民捐出家中盖小房的"城砖"。2002 年 9 月 29 日,北京明城墙遗址公园建成并正式开放。

包括我在内所有到过南京的北京人都会想:"北京的城墙要留下来多好。"

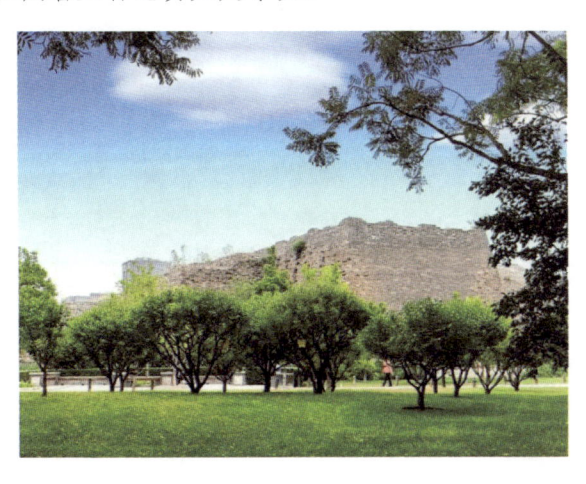

北京东城区的明城墙遗址公园内残墙

北京的自然资源禀赋

水是北京最关键的短缺资源

循郭守敬治水足迹

爬遍京郊燕山为北京艰苦寻水源两年的收获

焦若愚市长知道我在燕山为北京找水源后对我的褒奖

找到另两个水源：节水和再生水　创新水务管理和经济体制

第の章

# 四、疏解非首都功能必须"跳出去"

对于一个大城市来说,最重要的资源禀赋是土地和水,下文仅从这两方面说明解决北京的问题和"大城市病"只能"跳出去"。

## (一) 北京的自然资源禀赋

任何一个可持续发展的大城市的资源禀赋必须能支持其人口及发展。最主要的资源是土地和水。

副中心通州的城市绿心森林公园

土地承载力是衡量人类社会经济活动与土地之间相互关系的科学概念。从马尔萨斯(Malthus)的《人口原理》到伏尔特(Vogt)的《生存之路》,从《中国土地资源生产能力及人口承载量研究》到米多斯(Meadows)等的《增长的极限》都阐明,土地对居住人口的承载力是一定的。

美国的威廉姆·A.阿兰在1949年给出了土地承载力的定义:在维持一定生活水平并不引起土地退化前提下,一个区域能永久供养的一定活动水平的人口数量,或土地退化前区域所能容纳

的最大人口数量。

我给出的定义是：在一个区域的自然生态系统中自身能给居住其中的人类保证可持续发展能力的人口数量。

《北京市2023年国民经济和社会发展统计公报》显示：截至2023年末，北京常住人口2 185.8万人。《北京城市副中心控制性详细规划（街区层面）（2016年—2035年）》提出以舒适宜居为标准，将城市副中心人口密度控制在0.9万人/平方千米以内。《河北雄安新区规划纲要》提出新区规划建设区按1万人/平方千米控制。

按上述标准，北京至少需土地2 185.8平方千米；联合国人类住区规划署规定宜居城市集中的绿地至少人均60平方米，则又占地1 311平方千米，仅此两项即占北京市平原面积的55%。此外北京农业用地为936平方千米，工矿用地为21平方千米，道路用地为493平方千米，总计为1 450平方千米，约占平原面积的23%。任何一个可持续发展的大城市应至少留出15%的空地，所以以北京现有人口，区域土地承载力已近极限。

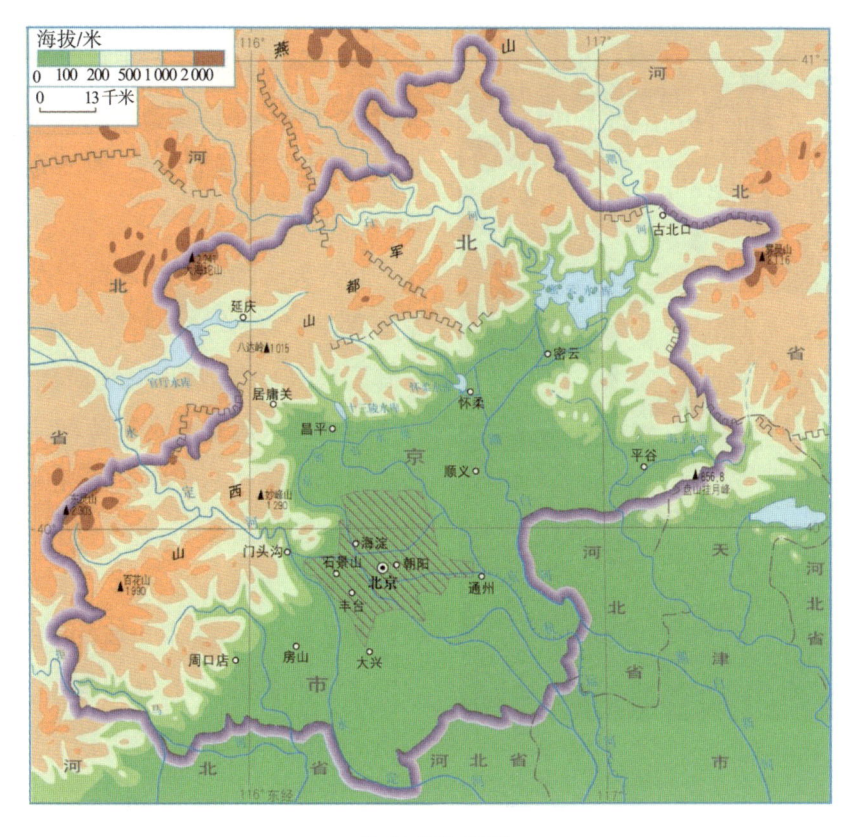

北京市地形图

北京是一个十分特殊的国际大都市,山地面积 10 317.5 平方千米,占总面积的 62.7%。在山区中,海拔在 100~300 米的浅山区面积仅约 2 000 平方千米,绝大部分是城市难以利用的高地。而且 1420 年明成祖朱棣为修建今天的故宫,需要大量木材,伐尽燕山的原始次生林,使燕山没有大树。尽管植树造林数十年,至今却远没有恢复原生生态功能。北京城内已难以保证"可持续发展"。

## (二)水是北京最关键的短缺资源

北京到底缺不缺水?在南水北调水进京之前,北京年人均水资源占有量仅为 100 立方米左右,南水北调水进京后,年人均水资源量提高到 150 立方米左右,但仍远低于 1992 年我在联合国教科文组织任科技部门高技术与环境顾问时主持以 46 国 852 案例的统计平均值建立的新丰水、缺水标准中人均 300 立方米的"可维系可持续发展的最低标准"。北京是首善之都、国际窗口,可持续发展势在必行。

根据我同时创建的自然生态系统需水指标,北京近 10 年平均水资源量为 33.1 亿立方米,折合地表径流深 200 毫米,仅能维系乔灌草植被,不足以维系良好的森林生态系统。

缺水怎么办呢?只有两个办法,一个是开源,一个是节流。实际上北京周边地区都是缺水地区,所以只能跨流域调水,对自然生态系统造成大扰动,如同枯同丰等许多隐患将在几十年之后出现,所以一定要慎之又慎。

南水北调目前已是解决北京水源问题的最重要依赖,南水北调(中线)每年为北京提供水资源 10 亿立方米。

节水也是重要措施,关键是提高水资源利用效率。

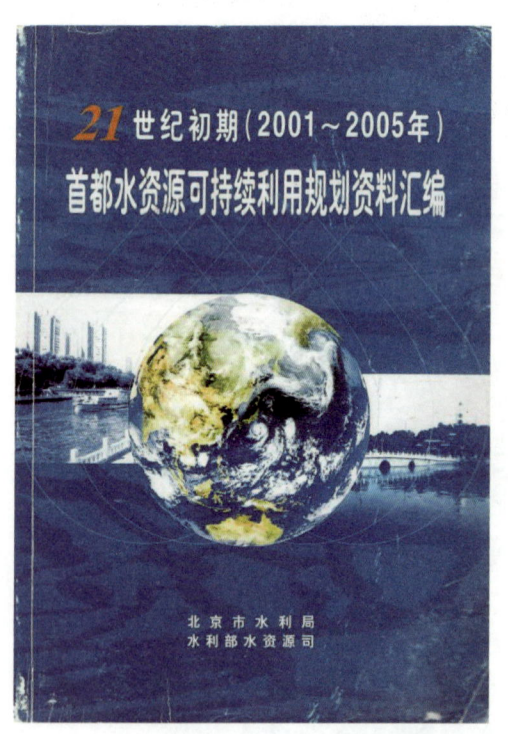

《21 世纪初期(2001~2005 年)首都水资源可持续利用规划资料汇编》

提出再生水回用是《21世纪初期(2001—2005年)首都水资源可持续利用规划》对提高北京水资源量的最大贡献,回用量从2000年的0提高到2023年的12.77亿立方米,已达北京总供水的30%,按循环经济学的原理,形成了新水源。目前北京绿化全靠再生水。但即便将再生水计算在内,北京人均水资源量也仅有210立方米。

北京绿化全部使用再生水

此外北京每年有大量外来人口用水。

因此,无论是"开源"的跨流域调水,还是"节流"的节水和再生水回用,北京的水资源承载力已近极限,必须就近找水。

## (三) 循郭守敬治水足迹

郭守敬是著名水利专家,生于1231年,我出生于1944年,晚了7个世纪;郭守敬是数学家,我1967年毕业于清华大学工程力学数学系;郭守敬至去世干了40年治水工作,我自1992年在联合国教科文组织科技部门任顾问管水资源,自己考察、研究,主持制定项目,指导监督实施,管水达32年之久。

1291年,时年60岁的郭守敬任都水监,都水监是负责全国修治河渠水利的最高职务,我1998年任全国节约用水办公室常务副主任(三定方案规定职能为配置全国水资源）。虽然相隔700多年，但我们同样为我国的三水（水生态、水资源和水环境）事业殚精竭虑，奉献了自己的一切。

郭守敬（1231—1316），邢台人。数学家、水利专家。师从刘秉忠。1264年奉命修浚西夏境内的古渠。1291年任都水监，负责修治元大都至通州的运河，一年后全部工程完工，定名通惠河，发展了南北交通和漕运事业。

郭守敬的老师是爷爷郭荣介绍的同乡大师刘秉忠，对天文、地理、律历等无不精通。郭守敬在紫金山学习，同学有国内著名的张文谦、张易和王恂等。

我的水知识是在联合国教科文组织科技部门水顾问组工作时边研究边学习来的，顾问组集国际之英才，同事们来自四大洲，我们互教互学，对全世界水资源有了广泛和深入的了解。

河北邢台达活泉公园内的郭守敬雕像

郭守敬学习之后开始了科学考察，为专程探求黄河真源第一人。我迟至2014年才去三江源考察，但我一直行至海拔5 231米的唐古拉山口，恐是当年郭守敬所不及的。

任何考察都不应是走马观花，要有高标准、要创新，郭守敬于1267年36岁时"以海面较京师至汴梁地形高下之差"，在世界上最早提出了"海拔"的概念，比德国科学家高斯1828年提出的平均海平面概念早560余年。

1992年48岁的我在联合国教科文组织任科技部门高技术与环境顾问时主持以46国852案例的统计平均值建立新的丰水、缺水标准。

1992年吴季松任联合国教科文组织科技部门顾问主管水资源,在巴黎总部的小团队专家来自欧洲、亚洲、美洲、大洋洲四大洲

**按人均水资源占有量的水资源丰欠标准**

| 水资源丰欠标准 | 区域人均水资源量(立方米/人) |
| --- | --- |
| 丰水 | 大于3 000 |
| 轻度缺水 | 2 000～3 000 |
| 中度缺水 | 1 000～2 000 / 1 700(原有阈值) |
| 重度缺水 | 500～1 000 |
| 极度缺水 | 小于500 |
| 保障可持续发展的最低人均水资源量 | 300 |

同时,还创建了自然生态系统需水指标——地表径流深(毫米)。

**自然生态系统需水指标——地表径流深(毫米)**

| 环境、生态维系的水资源标准 | 地表径流深(毫米) |
| --- | --- |
| 维系较好的森林植被 | 大于250 |
| 维系乔灌草植被 | 150～250 |

续表

| 环境、生态维系的水资源标准 | 地表径流深（毫米） |
|---|---|
| 维系草原植被 | 150～50 |
| 荒漠、半荒漠地区 | 50以下 |

创建了本流域河流水利用应低于年径流量40%，跨流域调水应低于年径流量20%才能维系水环境的取水和调水工程标准。建立了水资源标准、水环境标准和水生态标准的"三水"标准完整体系。

这些标准被美国、法国、意大利和越南等多国引用。这些标准被"清洁生产"创意人，联合国环境规划署技术、工业和经济司司长J.A.拉德瑞尔女士高度称赞。引入国内后温家宝总理于1999年4月批示"各地各部门参阅"，被水工程界广泛应用于规范工程规模和制定技术路线。

1992年吴季松与联合国环境规划署技术、工业和经济司司长J.A.拉德瑞尔女士在巴黎

从邢台紫金山学习回来，郭守敬决心学以致用，为家乡治水。他对邢州三条河流进行了全面治理，被人民称颂。

我的治水实践的开始是在联合国教科文组织代表中国主撰申请报告加入《湿地公约》并参加签署，为中国申请了第一个国际湿地——扎龙湿地。

当时正值扎龙湿地缺水成灾，我指导和主持了向扎龙湿地调水的规划，保住了

1992年3月31日,吴季松(左一)作为副代表参与中国加入《湿地公约》签署仪式。
左三为蔡方柏大使,左四为联合国教科文组织总干事马约尔

扎龙湿地。

公元1260年元世祖忽必烈即位。1262年,"习知水利,巧思绝人"的郭守敬,受到忽必烈的破例召见,向忽必烈面陈水利六事。

在我主持下,自1998年10月开始至2001年1月春节前,水利部水资源司、海河水利委员会和北京市水利局经过15个月的夜以继日的奋斗,编制了《21世纪初期(2001—2005年)首都水资源可持续利用规划》、《黑河流域近期治理规划》和《塔里木河流域近期综合治理规划》,都在国务院总理办公会议上得到了高度评价,顺利通过。朱镕基总理批示:"这是一曲绿色的颂歌,值得大书而特书。建议将黑河、黄河、塔里木河调水

时任总理朱镕基和副总理温家宝的批示

成功,分别写成报告文学在报上发表。"温家宝副总理批示:"黑河分水的成功,黄河在大旱之年实现全年不断流,博斯腾湖两次向塔里木河输水,这些都为河流水量的统一调度和科学管理提供了宝贵经验。"

1264年,郭守敬在甘肃、宁夏一带主持修复了已"废坏淤浅"的长达200千米的唐来渠和长达125千米的汉延渠,万余顷农田得到了灌溉,稻菽丰收,再现了"塞北江南"。1265年他晋升为都水少监。1291年,又被提升为都水监,担任全国负责修治河渠水利的最高职务。

陪同汪恕诚部长(前排右三)视察黑河

我任全国节约用水办公室常务副主任、水利部水资源司司长时,制定了《黑河流域近期治理规划》,于2001年经国务院总理办公会议批准执行。

黑河是我国西北地区第二大内陆河,流域面积14.29万平方千米,中游在甘肃张掖地区。这一地区农牧业开发历史悠久,史称"金张掖",是古丝绸之路上的重镇。

在2000年以前,黑河流域最大的问题是处于中游的甘肃酒泉地区人口增多、生产发展,用水量与日俱增,弱水(黑河古称)断流,尾闾东、西居延海于20世纪70年代先后干涸。

我们进行了两年的全流域考察,还遇到了沙尘暴。沙尘暴来时,天空先是变暗,然后变黑,下午两三点就仿佛夜幕降临,接着就是飞沙走石,真是沙石横飞,从上、前、后多个方向飞来。3小时过后,不管你的车是什么颜色,车漆一律被打掉,变成银光闪闪的"银车"。不知当年郭守敬是否遇到,又是如何脱险的?

沙尘暴

戈壁滩中偶然出现的绿洲就是胡杨林,胡杨林是一种沙生乔木,有"一千年不死,死后一千年不倒,倒下一千年不朽"之说,可见其生命力之强。郭守敬当年见过的树在我们看到时已达千年龄,而他看到的倒下的树,在我们看到时还未腐朽。

经过连续不断的输水,至2016年9月底,东居延海的面积达66.3平方千米,为近100年以来最大面积,并实现连续13年不干涸。湿地最深处约2.6米,平均深度约1.6米。生物多样性和植被覆盖度明显增加,呈现良性趋势,一个碧波荡漾、生灵欢聚的东居延海湿地又呈现在世人面前,黑河两岸的农田也得到了灌溉,与当年郭守敬在甘肃现塞上江南有异曲同工之妙。真是"往事越千年,代代久相传,只要人努力,生态可保全"。

任何为人民做过好事的人历史都不会忘记,现在在北京地铁积水潭站南有郭守敬纪念馆。

1279年,郭守敬又上书忽必烈,要求在全国建立天文观测站进行长期观测(也测水文)。忽必烈十分赞赏。"东至高丽(今朝鲜),西极滇池(今我国云南),南逾朱崖(今我国西沙附近),北尽铁勒(今俄罗斯的东西伯利亚)"的广大区域内,设立了27个测量所(即天文观测站)。

黑河东居延海湿地(吴季松摄)

1998年国务院机构改革,我任水利部水资源司司长,全国水文局3 154个站点10万职工均在辖下。我深感责任重大,1999年就进入了西双版纳腹地的水文站考察,不知当年郭守敬是否到过滇池的天文观测站。

我们深入密林,可敬可爱的水文站职工住在比傣寨更偏僻的崇山峻岭、热带雨林之中,这里是毒蛇猛兽的天下。一处水文站只有三个人,一对中专毕业的夫妻已经在这里待了20多年,八九岁的小孩上不了小学,只得自教。他们负责测澜沧江的水流量和当地的降雨量,这里距中缅边境仅10千米,所以测的是十分重要的出境流量。

可敬可爱的水文职工真是"奉献了青春献终身,奉献了终身献子孙"。职工们

在人迹罕至的中缅边界线上考察澜沧江——湄公河流域湿地

说还从未见过最高领导来视察。我对他们说:"你们能常年住在这里,我来算什么?"他们说不出话,但眼中闪烁着激动的泪花。

当我提出再走几千米山路去中缅边界看澜沧江时,陪同人员和站上人员一致劝阻我说:"下面车开不了,要走崎岖的山路,还有蚊虫,您已50多岁,不要走了。"我非常感谢他们的好意,但是我来是干什么的?最后我们还是下了陡峭的悬崖到了澜沧江的中缅边界线。真是一衣带水,"边境设界桩,怎能把水挡,同饮一江水,应往一处想"。

## (四)爬遍京郊燕山为北京艰苦寻水源两年的收获

自1998年大洪水后,我就想到居安思危,如果再遇大旱怎么办?事后北京地区从1999年开始至2007年连续出现9个枯水年,遇到大旱,将严重影响到北京奥运会的准备和市民的水供应,我要再为北京找新水源。

西南太行山的水源已在北京多次迁都后被查遍,所以我找水的方向转向西北的燕山。2023年海河"23·7"流域性特大洪水来自京西南,但不能对西北掉以轻心。

## 1. 寻遍燕山无大水

历史上北京的大洪水多来自京西北的燕山。1943年大洪水使南北沙河打通连成一片汪洋,水已漫到屋墙,人得上房顶躲避。幸好三天后水退去,如果再持续一天,大多数土房会被泡塌,则居民死伤无数。1950年燕山下昌平再发洪水,全县有181个村庄受灾。自1958年十三陵水库建成后则再未发大洪水。

在北京城北面的燕山山脉,西起南口附近的关沟,东至渤海之滨,蜿蜒曲折,层峦叠嶂,绵延数百里,山高林密,河出泉涌,是历代北京的水源地。

北京西北的燕山峰峦叠嶂,连绵420千米

燕山有神话传说:1977年秋考古人员在内蒙古的翁牛特旗石棚山清理新石器时代古墓群时,发现出土陶器上刻画着一些神秘的文字符号。副研究员陆思贤解开了这些古文字之谜:"天穹突然爆炸,打了一巨雷,光芒四射,隆隆之声回旋不绝,掉下了一块巨大山石(陨石),由燕子(玄鸟)背负,安置在这片田野上;这是天神命令燕子飞到地面留下的神物。"燕山之名即源于此。

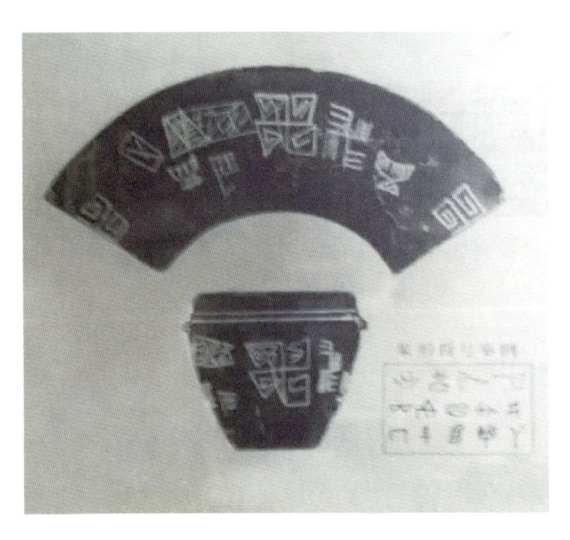

石棚山古墓群出土陶器上的文字符号　　　　　燕山的神话传说

我国早期的地理名著《山经》中记有:"北百二十里曰燕山。其山多燕石,燕水出焉,东流注于河。"

元朝陈孚在《居庸关》诗中写:"上有藤束万仞之崖,下有泉喷千丈之壑。"即使有夸张,也说明至少有几千平方米的水域,池可被掩,泉当仍在。我开始在燕山找水。

找水当然就是要看河湖,延庆的白河、密云的清水河、怀柔的雁栖湖、平谷的金海湖自然是首选,但最大的水源不过千万立方米级,对北京2 000万人口和经济社会的发展水需求,不说是杯水车薪,也如大龙入浅潭一般,无法持久。

找水考察中随处可见的悬崖峭壁

延庆区白河 　　　　　　密云区清水河 　　　　　　怀柔区雁栖湖

## 2. 燕山横，路难行，天如火，水难寻

京郊燕山远眺平缓，我们入山后才知道路崎岖不亚于太行山。更认识到长城修建工程设计构思不易，筑城百姓的千辛万苦；游牧民族南犯翻山越岭也是要准备充分和组织严密的。

当年我们考察时的道路很差，没有高速路，国道路况也不好，进山以后只有土路，所遇困难是今天郊游的人难以想象的，但所览风景也是难以看到的。

我们的考察工作自 1999 年开始。当时根据调研资料，河北承德是京北唯一的丰水地区，我们从城里出发，经顺义、怀柔、密云，过金山岭长城入河北进承德市，沿滦河经现双滦区的白草洼进承德城。现在走高速路 220 千米只需不到 2 个半小时，而当年走这条路线时国道都不连续，有时要上土路，正常情况下也要 4 个半小时。早 8 时出发，12 时半到承德吃午饭已属幸运，返程也不容易。

**插曲：被煤车堵在路上**

一次吃过午饭，我们下午 1 时就动身，想晚 6 时能到家了。事出意外，刚到密云县界北就被西来的运煤车堵住，几百辆车连绵几千米，水泄不通。运煤车的司机说，至少要等上半天才有疏解的可能，这是常事，他们已带了棉被准备在车上过夜，暖水瓶、方便面和锅碗样样齐全。

我们可是毫无准备，4 个人坐在轿车上，晚

燕山的深谷（陈龙摄）

上只好睡公路了,准备和衣而躺,用公文包当枕头。我已到全球 106 国进行过生态考察,遇到过比这还艰苦的情况,但今夜回不去,已通知各省水资源处明天召开的会议怎么办?

我们只能请煤车司机稍微移动,腾出小空,然后转头冒险下道。这样有翻车的危险,幸好当时高速路没有栏杆,路基也不高,司机技术可以,我们幸运地下了道,找省道、县道、乡间小路,绕大弯走延庆、房山,回到北京已是晚上 8 时多,灯火通明。

当天月亮很大,在沿途的山林中,有亮晶晶的一片水,我又来了找水的热情,但是不敢停车,只好作罢了。

我走遍了燕山从京西南房山区的百花山、拒马河十渡、灵山京西大峡谷的清水河,到京北的喇叭沟门汤河、云蒙山天地峡谷,京东北的玉渡山古城河、雾灵山九龙十八潭。山高林不密,河宽水不多。对白河、潮河做了全流域沿途考察,那里河床宽,卵石满,水流小,细如丝。

爬遍燕山见到的是宽阔的河谷,但只有涓涓细流,有时能欣喜地看到泉涌的潭水,但面积太小,水量不足,走遍燕山寻找年供北京上亿立方米的水源希望是破灭了。

我们寻访了许多山村居民,他们都说北京的大水只听曾祖父辈说过,连爷爷都没见过,可见北京燕山生态系统破坏到无法涵养水源的程度已不止百年。

平谷区黄草洼村

密云区司马台村

房山区黄山店村

延庆区四海村

昌平区羊台子村

### 3. 北京原始森林的毁灭是水源枯竭的主要原因

考古学家贾兰坡在北京东郊调查发现,清河古树为距今 7 200 年前的遗存。古清河是古永定河的四大支流之一,河面宽阔,水流湍急,而现代的清河不过是残留在古河床里的一条小河沟。清河古树足以说明,当时在平原地区及其相邻地区曾有大片茂密森林分布。

北京的广大山地原生森林十分繁茂,松柏、杨柳是森林的主要树种。北京是"河流纵横,池沼广布的水泽之乡",麋鹿、狍子、梅花鹿等食草动物悠游其间。

至金朝,北京地区在高山、远山的森林保存得还是较好的。

至元十三年(1276 年),密云附近的山林"过溪蹈瑶琼,八山来苍翠。……清啸响山谷,幽姿媚松桧"。

至三家店,永定河水中峭壁倒映,群山绿树繁茂。马鞍山的戒台寺、潭柘寺以及王平村、千军台等地林木苍茫,遮天蔽日。大水利学家郭守敬说"决金口以下西山之木伐,而京师材用是饶"。

元朝狩猎捕获的动物种类很多,"取道居庸,合围于(小)汤山之东,遂飞豹取兽获焉",主要有虎、豹、熊、黄羊、野驴、羚羊、獐、鹿、兔、野猪等数十种,同样可以间接地证明,元朝北京地区有着丰富的森林资源。

从至元四年(1267 年)起,到至元十三年(1276 年)止,元大都城的兴建使森林遭到较大规模的破坏,出现了岩石裸露的无林荒山,但在这一时期森林远未完全毁灭,依然有大片集中分布的天然林存在。

北京在明朝建都后的约 100 年时间里,森林还丛密繁茂,"人鲜径行,骑不能入",树种主要是油松、平榛等,抗倭大将戚继光在巡行中,还留下了"石壁凌虚万木齐,依稀疑是武陵溪"的诗句,到过武陵源的人都清楚那里水源的丰富。直至公元 1496 年夏,甚至有一只狗熊步履蹒跚地走到西直门,守卫者竟因未察觉而被伤害。

由于人口迅猛增加,使用木材量越来越大。除民用薪炭柴以外,明朝宫廷设提举司专管"凡山采木",养种园专管"烧造黑白木炭",完成"岁用柴炭各二十万斤"。这也导致火灾频发,火场面积广达"东西四十余里,南北七十余里","延烧七昼夜"。

明成祖在元大都城的基础上修建和改建北京城,导致北京原始森林的毁灭。

这一工程前后历时14年。施工的工匠有23万人,民夫上百万人,还有众多的士兵,"以十万众入山辟道路",不下150万人。朱国桢编著的《涌幢小品》载:"昔成祖重修三殿,有巨木出于卢沟。"明朝13个皇帝在昌平天寿山大修陵寝,在城内外广建大小寺院,最终使燕山成为光山秃岭。

但直至清朝,康熙本人在晚年曾对自己狩猎的业绩进行过统计,他说,"朕自幼至今,凡用鸟枪弓矢,袭虎一百三十五、熊二十、豹二十五、猞狲十、麋鹿十四、野猪一百三十二",其中不少猎自北京,说明当年在森林生活的野兽还很多。

自20世纪80年代开始的大规模植树造林,至今已40余年,燕山看上去满山深绿,但一是飞播单一树种的林居多,涵养水源的功能比原始森林差得多;二是上千年破坏殆尽的森林生态系统,真正修复至少要百年。

燕山初看葱茏,但几乎无一棵大树,水土保持功能很差

## 4. 安营扎寨,连续调研

举一例说明艰难的找水历程。在平谷区镇罗营镇的张家台村和杨家台村之间的山谷,我以为找到了大水源,面积大约200亩(13.3公顷),是泉喷水源,出水量很大。

北京的未来之城雄安和副中心通州80年记——北京建都后的第四个里程碑

/ 58

为了深入调查,我在海拔 500 米的山顶台地上,盖了间简易住所。当地温度较市区低 6~7℃,倒是避暑胜地,出门就是悬崖,抬头是长城,城下丛林密布,如一幅山水画,组员有的说像卧牛,有的说像仰躺的农妇,还有的说像老子,真是仁者见仁,智者见智。我们就这样在美景中消除了一天勘察的疲惫。

杨家台水库位于平谷区镇罗营镇杨家台村南洳河上游,始建于 1975 年 11 月,1982 年建成,控制流域面积 10.9 平方千米,是一座库容仅 23 万立方米的小水库。

台上只有十来户贫困村民,住在简陋的泥草房中,几乎与世隔绝;不但有蚊虫困扰,蛇和獾等小野兽出没,偶尔还有野狼成群。

在平谷区镇罗营镇杨家台村发现水流湍急的镇罗营石河,远处是海拔 1 160 米的北大顶

海拔 500 米的镇罗营镇张家台村

张家台海拔 1065 米的最高峰大将山

调查组又在台上海拔700米处找到另一处水源,泉水不小,已被农民建成大水窖。当时以为上述水源水量不小。我根据大规划批准续建杨家台水库,2003年5月10日杨家台水库续建工程正式动工。续建后水库面积96.7平方千米,正常情况下总库容213.63万立方米。经1个月的引水实验,总量在百万立方米级,仍不解北京缺水之需。但如大山洪暴发,周边有大面积空地,少量移民后可使库容超亿立方米。

在续建后的杨家台水库考察

吴季松当年种的8棵杨树已有7棵成材,达15米高,直径30厘米

2024年再次去时,当年我种的8棵杨树已有7棵成材,高达15米,直径30厘米,成为我为北京找水永久的纪念。

### 5. 意外的收获

在为北京找水的过程中还有意外收获。

**(1) 长城为何没修错**

在今天用卫星遥感和GPS对修建万里长城做个总体设计是十分容易的,但是当年连地图都没有,是如何准确设计的呢?

  我的考察几乎天天与长城为伴,到了司马台长城、古北口长城、慕田峪长城和箭扣长城。当时我发现了一个问题。在峰顶看山是连绵的,在山坡看山也是连绵的,但走到山脚下一看,其实山是交错的,一座山的山脚下插在另两座山的山脚之间。这样修长城就出现了一个大问题,从山顶设计修筑的长城,修到山脚下时其实与另一座山仍相距几百米,不得不横跨修建,将做不少无用功。而今天的长城是从最适当的地方下坡,再上另一座山的坡,把墙以最短距离连接起来。"工程师"是如何"神机妙算"找到了这最佳途径的呢?

万里长城

  仔细查看多个山脚,没有弃石的痕迹,错了重修总会留下不合用的碎石或痕迹吧!这是人迹罕至之处,虽然过了好几百年也不会有人彻底清理现场。

当时是如何这样精准设计的呢？我们试想了多种方案，在夏天，当年原始次生林还密布在山顶，也看不清山脚。在冬天，落叶的枝条也足以遮住视线。如果说长城是分段修的，在20千米的一段中也会发生上述问题。

请教过不少专家，莫衷一是。后来做了一个设想，得到解放军测绘学院的一位将军的认同。办法就是在冬天的雪夜，每隔30丈站一个高举火把的民工，"工程师"站在山顶依两个火把的连线绘成施工图。到白天再把图反复校准，最后成为一幅精准的施工图，按图施工，准确连接。也许古代工程师有更高的智慧、更聪明的办法。

这一事实说明知识分子的智慧和劳动人民的勤劳同等重要，"两弹一星"的研制同样说明了这一问题，这是参与"两弹一星"研制的工人和士兵的共识。

**（2）燕石害了燕水**

寻水的路上看到很多碎燕石。燕石，"珉似玉而非也"，人们习惯上把纯白而致密的大理石称为"汉白玉"。燕石光泽美观，又易于加工成材，是很好的建筑装饰石材。

可惜"燕石"害了"燕水"。朱棣建北京城时需要大量汉白玉，从房山到平谷把山挖空，水土流失，使"燕水"水量大减。

建城更需要大量木材，当年伐尽燕山的原始次生林，使燕山没有大树，冬天成了秃山，夏天也只有几年生的灌木，四处泉涌的燕山千疮百孔，至今没有恢复。一个森林生态系统一旦破坏，真正恢复要几百年。

**（3）我发现了秦长城**

燕山上最早的古城是渔阳，1984年文物普查中找到了渔阳城遗址——今怀柔区梨园庄村东的"城子地"。

传说这座土城是秦始皇修边防时留下的。遗址东西长约400米，南北宽约300米，其中秦砖汉瓦残片遍地可见。为解决北京水资源问题，我走遍北京密云、延庆、平谷的山区。

*渔阳城遗址碑*

在考察怀柔时听老人回忆，从前四周有城墙痕迹，砖瓦残片尚存。我还真在怀柔山中羊都难爬上去的悬崖处发现了秦长城，几乎与内蒙古固阳的秦长城一模一样，也

是由打削的石片垒成,远看像个石碓,若未见过秦长城,是不可能认识这段长城的。这段城立在一个人迹罕至的陡坡上,只有不到 200 米的一段。为什么不是砖墙呢?当年我国的北方是游牧民族的地域,农耕民族人数很少,根本不可能有大规模、可供砌长城的砖窑,所以无法用砖砌。就地取材是最好的办法。因工作太忙,尽管有新闻界朋友建议,我的这一考古发现未能及早见报,后来见过专业人士的考证。

渔阳古郡遗址公园

**(4) 渔阳在密云还是怀柔**

曾有"渔阳"在密云还是怀柔的争论。"城子地"和密云毗邻,在密云西南 19 里,在怀柔城东 11 里,因为怀柔是明洪武十三年(1380 年)才由昌平、密云二县分出地新建立的县,建怀柔县前"城子地"一直属密云所辖。所以北京的"渔阳究竟在密云还是怀柔"的结论已得出,1380 年前渔阳旧址在密云,1380 年密云分地和昌平一部分建怀柔,而渔阳城旧址在密云分出建怀柔的部分。所以渔阳在 1380 年前的密云,1380 年后的怀柔。

我在燕山为北京找水,既在古渔阳,又在今密云与怀柔,"尔曹区划均可变,不废山水千年流",可惜都未找到足以支撑北京拓展的大水源。

## (五) 焦若愚市长知道我在燕山为北京找水源后对我的褒奖

1151 年金朝建都中都城,以原宣武区的莲花池湿地、玉渊潭和高粱河为水源,到 1260 年元世祖忽必烈建元大都,当年郭守敬主持的水利工程主要是为交通运输,但元末已断流。此后由于城市发展水源缺乏,刘伯温(1311—1375)在北京管水,主要是寻找水源,元大都城和明北京城也随新水源不断迁移,刘伯温踏遍京郊太行山,利用了几乎所有可以利用的水源。明朝又从玉泉山取水,清朝京城

用水再度增加,使玉泉山水源枯竭,从那时起,北京缺水就一直延续到这个世纪初。

北京市原市长焦若愚(1915—2020)
他曾在京郊领导抗日游击队,对燕山的水情十分了解

考古发现,北京城所在地古代就是北京湾,小平原由永定河(3 000年前为古高梁河)、潮白河和温榆河冲积而成。由于永定河的左右摆动,支流拒马河和白沟河与雄安的白洋淀相连。副中心和雄安新区有地质史的连接。

新中国成立后,北京由于人口剧增,生产发展,供水一直是突出的矛盾,1999至2007年连续9年枯水,出现了严重的水危机。我又继承了刘伯温的事业——找水。

研究刘伯温的找水资料后,我认识到京郊太行山已不可能再找到新的大水源,于是转向西北的燕山,"有山必有水""山有多高,水有多高"是千年水利古训,于是据前所说自1999年春至2001年春在燕山开始了两年的找水。

2005年已90岁高龄的焦若愚送我一只绒毛老虎,虽然焦若愚在北京上大学时曾与我父亲吴恩裕相识相交,解放初任沈阳市市长时又是我姨父高崇民(时任东北人民政府副主席)的老部下,但我们只见过几面。我向他秘书询问:"多谢焦老,但我不是虎年生人。"后来才知道,抗日战争时期焦若愚曾在京郊领导游击队,到过张家台一带,可能知道了我为北京找水深入丛山,日经太阳暴晒,时有大雨滂沱,十分艰苦,送虎的意思是让我"虎虎生威,继续实干"。当时焦老已近90岁,我们再艰苦,也和他60年前在台地风餐露宿、日寇围剿无法比拟。他居然想到我们考察的不易,这就是那一代老干部。焦老是党的十九大最高龄的党代表,坐轮椅参加,受到代表们一致的尊敬。

后来我去北京宽沟招待所看过焦老,怕打扰他,连字也未求一幅,现在我的中国雄安集团公司院士工作站(北京)办公地点就在北京亚运村,熊猫纪念碑上有焦老的题字,我天天路过,觉得这字既是给北京人民题的,也是给我题的,永志不忘。

焦若愚题字的亚运村熊猫纪念碑

## (六)找到另两个水源:节水和再生水　创新水务管理和经济体制

燕山找水方向是对的,但由于气候变化,20世纪50年代以来燕山再无大洪水,量不足以补北京之缺。应广开思路,一是应基于我引入的"循环经济"理念并创新建立的"新循环经济学"进行水务体制改革,提高水资源利用效率,厉行节水;二是建立循环水产业。

《循环经济——全面建设小康社会的必由之路》,
北京出版社,2003年4月

《新循环经济学:中国的经济学》,
清华大学出版社,2005年9月

## 1. 水务局——涉水事务改革的新体制

经过8国水务体制考察和国内18省区市调研，我写了一篇报告，提出我国的城市水资源管理体制应该实行改革。水利部汪部长1999年11月18日在《为什么要以水务局管理城市水资源》报告上批示："请各位部领导、各司局阅。建议文字适当精简后发表。城市水务局管理体制势在必行，要抓紧时机推进。"拉开了水务改革的序幕。

1999年4月9日，作为以朱镕基总理为团长的中国代表团高官，在美国国务院举行的"第二届中美环境与发展论坛"上，我作双方首席发言，阐述对修建三峡大坝的观点。朱丽兰部长总结说："吴季松司长的发言对后来的会议做了导向。"

当时在北京、上海和天津的水资源管理状况都是"多龙管水，政出多门"，如北京是水利局、地质矿产局、规划局、公用局、市政工程管理处和市环保局六龙管水；天津是水利局、公用局、市政局、地矿局和建委五龙管水；产业都是断链，水源地不管供水，供水的不管排水，排水的不管治污，治污的不管回用；工作交叉、责任不清；政企不分，效益不佳。缺水由谁负责？水源和输水污染找谁？地面沉降由谁负责？污水处理厂没有运行费怎么办？问题成堆：

1999年吴季松（右一）在被称为国际第一水研究中心的荷兰戴尔夫特国际水利研究培训中心讲课并考察荷兰水资源

一是多龙管水人为地增加市政管理的难度。如天津，往往一件事涉及几个部门，涉及两个主管口，一位副市长定不了，甚至需要市长出面协调。

二是没有部门对供需平衡负责。京津沪供水水源地主要在上游省份，多龙管水，谁负责和上游省份统一交涉保证水源的质与量？多龙管水难以统筹，如从防洪考虑当然是弃水保安全，如果来年大旱自然就不是当务之急，北京就曾出现这种情况。

三是难以真正节水。多龙管水实际上是政企不分，"卖水的自然想多卖"，"水

1998年12月，吴季松主持制定《21世纪初期（2001—2005年）首都水资源可持续利用规划》时考察承德

价不到位，谁也不在乎跑冒滴漏"，谁能真正负责节水？

四是无法有效地控制污染。控制污染的基本原理是污染总量不能大于由江河湖库决定的纳污总量，而纳污总量由水利部门定，排污总量由环保部门定，公说公有理，婆说婆有理，谁对枯水期生产排污高峰造成的水质急剧恶化负责？

五是没有人考虑河道积累污染和地面沉降等生态、环境问题。治理污染目前只是考虑减少现有污染量，但谁对已经积累的本底污染和由此产生的二次污染负责呢？由于地下水超采引起的地面沉降也是同样的问题，北京市东部已形成2 600平方千米的地下水位下降漏斗，逼近东郊使馆区。

六是无法建立统一的管理法规。东京、巴黎和柏林的经验都证明，由于水资源分属不同部门管理，很难出台统一的水资源管理法规。即使出台了，也因无执法主体而无法有效实施。不统一管理就无法依法行政。

七是无法定出合理的水价。究竟提多少？提价后各部门如何分配？谁保证在提价后给用户提供更好的水？不统一管理，这些问题都无法解决。

成立水务局就是要在统一管理的前提下，建立三个补偿机制：谁耗费水量谁补偿；谁污染水质谁补偿；谁破坏水生态环境谁补偿。同时，利用补偿建立三个恢复机制：保证水量的供需平衡，保证水质达到需求标准，保证水环境与生态达到要求。水务局就是这六个机制建设的执行者、运行的操作者和责任的承担者。

水务局局长对市长负责，对城市水资源统一调度，保障可持续利用和发展。只有这样才能形成"一龙管水，多龙治水"的局面。

我们还根据这些原则，经过实地调查研究，为上海制定了水务管理改革的实施方案，使上海在2001年建立水务局，成为水务改革中第一个建立水务局的省区市。此后2003年北京市水务局建立，到目前全国市级水利部门已有50%采用水务局的管理体制。

吴季松在张家口市水务局成立仪式上讲话

## 2. 提倡循环水产业，利用再生水

北京找水要跳出水圈与经济学结合，我在主持制定的《21世纪初期（2001—2005年）首都水资源可持续利用规划》中提出要建立循环水产业。在历届北京市水务局的努力下，2005年北京就由从不用再生水，到第一次利用再生水2.5亿立方米，以后年年递增，到2010年利用6.8亿立方米，占当年北京总供水的19%，占全国再生水利用的80%，2016年至2023年维持在13亿立方米左右，占北京市总供水的30%以上。

建立水循环产业是搭建自然水与用户之间的产业循环链，整个循环从自然水开始，经过原水生产、自来水厂生产、自来水供应到达用户，再由用户经过排水、中水生产、中水回用返回到自然水，完成一个循环过程。这样由生产原水的经营性水库、自来水厂、供水公司、排水公司、污水处理厂等共同构成了一个封闭的产业链，

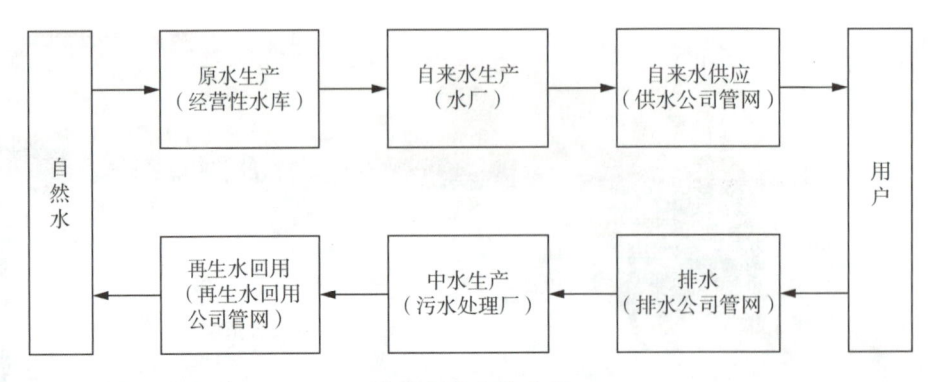

循环水产业体系图

实现了水资源的循环利用,提高水的利用效率。其中水价是关键,北京已建成循环水产业体系。

在这一循环水产业中,以水价为杠杆,将原为事业单位的水库改制为市场准入、国家控股的经营性公司,保质保量、优质优价地向自来水厂卖水;市场准入、国家控股的自来水公司制水,优质优价地卖水给市政供水公司;供水公司再卖给用户,因此自然会修补、改造目前漏失率普遍高于15%的输水管网;通过政府导向扶持节水器具公司产品进入千家万户,在不断调整合理水价的同时大力宣传节水;市政排水公司改造、修建管网,尽可能收集废污水和雨洪,卖给污水处理厂;把现为事业单位的污水处理厂改为经营型,由它把达标处理的污水卖给再生水回用公司;再生水回用公司进行输水管网建设,卖给用户,成为新水源。这样就完成了这一产业的循环。

北京市自来水集团

北京排水集团

北京排水集团卢沟桥再生水厂

# 第二篇

# 为什么副中心是通州，疏解地是雄安

北京城市副中心——通州
疏解非首都功能的未来之城为什么是雄安
白洋淀湿地是雄安新城的生态依托

副中心——通州的历史
建设北京城市副中心通州
高质量发展的城市建设
人脉与北京城相通
水脉与北京城相通
副中心2025年碳增汇碳减排规划

第一章

# 一、北京城市副中心——通州

北京城市副中心建设在通州是有文脉、人脉和水脉的基础的。

## （一）副中心——通州的历史

1945年抗战胜利至1948年，通县（今通州区）属国民政府统治。

1948年的7到9月，三河、香河分别解放，通县境内的土桥、张家湾、西集、漷县、永乐店、于家务、潞城几个国民党据点都被我军攻克。

解放军大部队从燕郊出发，越过潮白河、北运河进入通县，并于同日解放了马驹桥。1948年年底，驻通县国民党政府军全部逃往北平，通县国民党党政机关被接管，通县全境解放。

1949年2月，解放军取消自民国以来的保甲制，建立基层人民政权组织，成立中共通州市委、市政府（县级）和市军事管制委员会，归冀东十四专区管辖。通州市划归北平市，为北平第二十一区。8月，撤销解放区建置，称通州专区，专区机关驻通州镇，辖通县、通县镇（原通州市）等14县镇，归河北省。

1958年，通县、通州市划归北京市，县市合并为通州区。1960年，撤销通州区，恢复通县建置。

通州西门（通州区图书馆藏）

通县解放庆祝大会(通州区档案馆藏)

改革开放后,通州迎来了大发展时期。1997年4月29日,国务院批复同意北京市撤销通县,设立北京市通州区,区人民政府驻通州镇。

解放战争时,通州百姓赶运军粮(通州区档案馆藏)

2015年7月11日,中共北京市委十一届七次全会审议通过了《京津冀协同发展规划纲要》,通州正式成为北京市行政副中心。《北京城市副中心控制性详细规划(街区层面)(2016年—2035年)》规划城市绿色空间面积41平方千米,常住人口不超过130万,规划约9平方千米战略留白空地,占生态空间40%以上。

2016年1月,北京副中心行政办公区建设启动。

2019年1月11日,北京市级行政中心正式迁入北京城市副中心。中国共产党北京市委员会、北京市人大常委会、北京市人民政府、北京市政协分别举行揭牌仪式。副中心主体落成。

## (二)建设北京城市副中心通州

2016年开始的北京城市副中心总体城市设计,遵循中华营城理念、北京建城传统,基于通州地域以湿地为主的自然生态系统和人文历史脉络,构建"一带、一轴、多组团"的空间结构,到2035年城市副中心常住人口规模控制在130万以内,实现"以水定城"人随功能走、"以水定产"人随产业走,承接中心城区40万至50万常住人口疏解。

一带:依托大运河构建城市水绿空间格局,形成一条蓝绿交织的生态文明带。

一轴:依托六环路建设功能融合活力地区,形成一条清新明亮的创新发展轴。

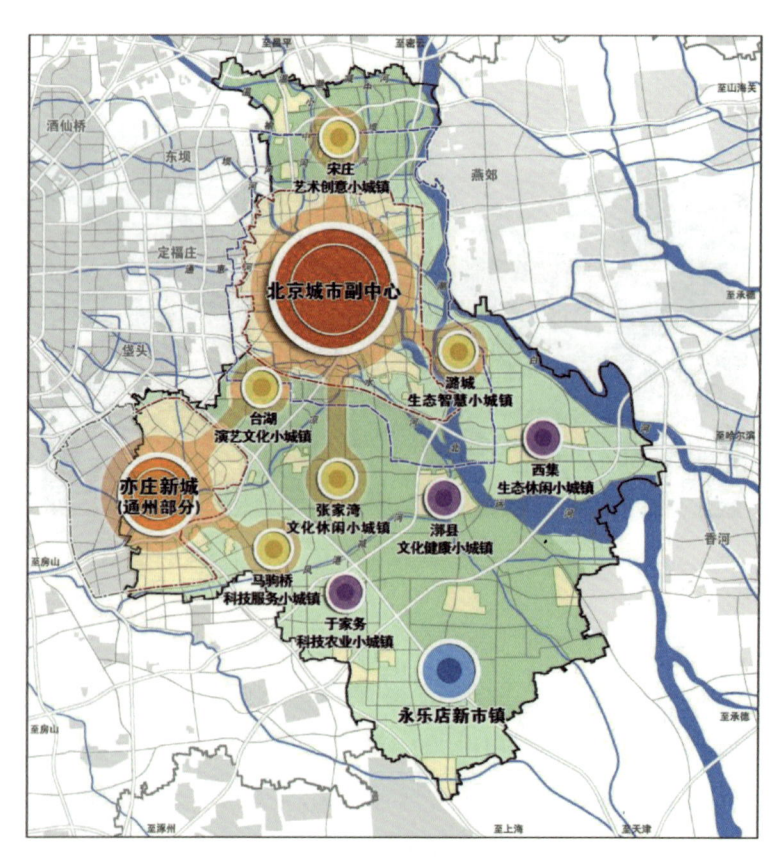

城市副中心(通州区)规划分区示意图

多组团：依托水网、绿网、路网，形成12个民生共享组团和36个美丽家园（街区）。

规划依托通州河流密集、原生湿地延芳淀的良好基础，重构水城交融、蓝绿交织、人水和谐的宜居环境，实现居民从家步行5分钟可达各种便民生活服务设施，步行15分钟可达园林中心的生活环境。

通州区森林覆盖率由温带地区国际标准的约25%（实状28%）提高到40%，人均绿地面积达到30平方米的国际城市绿地基本要求。居民天然气气化率达到100%，新能源和可再生能源比重达到20%以上，超过欧洲大城市标准。适应老龄化的社会趋势，千人养老机构床位数达到9.5张以上。

今天副中心主体已落成，展现了陆水交融、蓝绿交织的环境优美的行政办公区和宜居的居民示范区。

2020年，向美而行的"副中心风貌"

规划建设城市副中心是贯彻新发展理念生动具体的探索实践。城市副中心从孕育伊始就在新发展理念指引下，与雄安新区一样，落实习近平总书记"世界眼光、国际标准、中国特色、高点定位"的要求，着力建设一座新时代千年之城。

更加突出协调发展。城市副中心牢牢抓住疏解非首都功能这个"牛鼻子"。

更加突出绿色发展。努力打造国家绿色发展示范区。

更加突出开放发展。主动用好国际国内两个市场两种资源。

更加突出共享发展。让发展成果更好更多惠及副中心广大群众。

更加突出安全发展，筑牢首都安全屏障。

运河商务区位于五河交汇处，占地面积20.38平方千米，是北京城市副中心商务服务功能的主要承载地和拉开城市框架的核心起步区。截至2021年底，运河商

副中心风貌(运河商务区管委会供图)

务区完工建筑面积411.6万平方米,累计注册企业14 739户。

遥看运河商务区,一幢幢楼宇拔地而起,一个个高精尖企业接连入驻,为城市副中心建设按下"快进键"。

运河商务区规划效果图(运河商务区管委会供图)

## (三) 高质量发展的城市建设

2016年5月27日,习近平总书记主持召开中共中央政治局会议,研究部署规划建设北京城市副中心。8年来,和雄安新城建设与白洋淀生态修复一样,城市副中心建设始终坚持"世界眼光、国际标准、中国特色、高点定位",坚持"一年一个新节点,每年都有新变化",迈向"高质量发展"的新阶段。

## 1. 城市副中心（通州区）老旧小区改造

以老旧小区改造、背街小巷整治为重点，完善城市精细化长效治理。

"十三五"以来，城市副中心（通州区）共确认实施110个308万平方米的老旧小区改造项目，其中，已完工44个165万平方米，占53.6%。

在工作中以民生需求、群众参与为宗旨，创造了"六组一队"模式。"六组一队"由通知宣传组、意见征集组、秩序引导组、矛盾调解组、文明施工组、质量监督组以及志愿服务队构成。

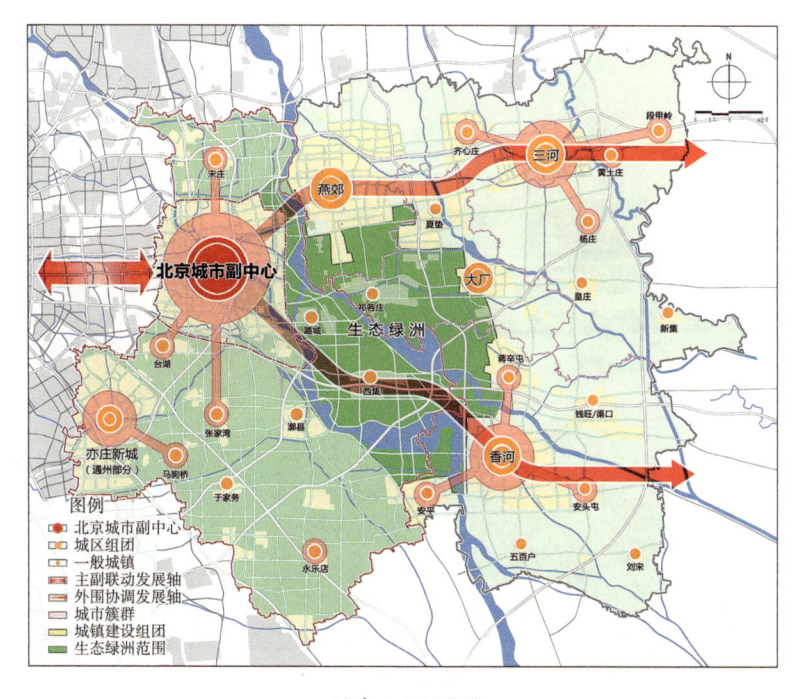

副中心规划图

## 2. 花园城市建设

通州应建成为北京的花园。

坚持系统分析，推进花园城市研究。结合实地调研及具体项目，深度开展城市副中心花园城市建设规划前期研究、副中心花园城市指标体系专题前期研究。学习考察深圳、成都花园城市建设优秀经验，计划开展副中心公园绿地500米服务半径覆盖率提升研究。

要构建一套科学全面的生态系统指标体系,包括森林生态系统、公园生态系统、生物多样性系统、水(包括地下水)系统和固体废弃物回收—处理—利用系统等,有序推进副中心花园城市建设。

坚持系统治理,持续提升系统功能。副中心建设的任务就是以"世界眼光"引导城市生态系统的恢复,以"国际标准"的指标体系推进花园城市建设,"中国特色"就是在道路、自然与人文条件下借鉴深圳和浦东等地的建城经验,"高点定位"就是引领国际旧城改造和新城建设的潮流。

从市政基础设施、城市服务功能、生态环境等短板方面,系统分析,统筹解决。

温榆河三网融合示范区是集休闲、游憩、健身于一体的绿色生活体验区

## (四)人脉与北京城相通

### 1. 曹雪芹与通州

大运河是一条小说之河。冯梦龙、吴承恩等著名小说家即使不是京杭大运河岸边或邻近地方的人,也往往有在运河文化圈城市中生活过的经历。

大运河和张家湾与曹雪芹和《红楼梦》密切相关。

曹雪芹逝世的年代与埋葬地点历来众说纷纭,没有结论。1968年,在张家湾"大扇地"出土的"曹雪芹墓葬刻石"解决了这两个问题。自此,曹雪芹创作《红楼梦》的生活源泉受到研究家的高度关注。挖掘张家湾的风俗人情,对照《红楼梦》中的相关场景,可为曹雪芹找到魂归之处。

通州曹雪芹石像。1968年,张家湾"大扇地"出土的"曹雪芹墓葬刻石"使"曹雪芹与张家湾之关系"受到关注

1992年学者们对曹雪芹墓葬刻石共发表50余篇文章,讨论长达半年之久,使红学研究在多年的沉寂之后重掀高潮。

曹家与张家湾的关系,有史可考的记载是清康熙五十四年(1715年)7月16日《江宁织造曹頫复奏家务家产折》述:"奴才到任以来,亦曾细为查检,所有遗存产业,惟京中住房二所,外城鲜鱼口空房一所,通州典地六百亩,张家湾当铺一所,本钱七千两。"传南江十里街的曹家当铺就在花枝巷内南侧,门面朝北,台基尚存。在小巷中,曾有曹雪芹家染坊,一口井尚在。十里街东侧有曹雪芹家盐店。

至于文学性的描写,可以发现更多的关联印记。十里街西南有小关帝庙,为《红楼梦》第一回中葫芦庙的原型。《红楼梦》第一回,甄士隐梦见"太虚幻境"后,带女儿英莲至"十里街"看过会热闹等都与张家湾当年的"过会热闹"有关。古谣云"京畿花会何可观,十人九说张家湾"。

清朝孙温绘《红楼梦》插图（第一回）。据研究，《红楼梦》第一回中英莲在十里街看"过会热闹"和第十九回上元节后的"扬幡过会"，都可能与张家湾当年的"过会热闹"有关

诸多事实说明，曹雪芹当年在通州生活过。

我的父亲吴恩裕教授在解放前即以独树一帜研究马克思主义的红学家著称，到十年"文革"更只能集中精力于《红楼梦》研究曹雪芹生平，又走上了学术开拓的道路。

更重要的是父亲开始在北京西郊大规模查访曹雪芹足迹。此后三年，他数度造访香山脚下的正白旗与白家疃和通州的曹家故地，了解当地有关曹雪芹的传说，但当年通州发现很少，未作第一重点。1974年夏他还专程前往南京、苏州、上海、杭州等地，实地考察江宁织造府的遗迹和曹家江宁织造的材料，以考古的角度认真系统研究曹家的历史。

1961年北京市副市长王昆仑带秘书来父亲家，传达了周恩来总理的指示：为纪念曹雪芹逝世200周年，要把曹雪芹的生卒年考证清楚并表示北京市有个"文物调查工作队"正在调查曹雪芹的居住地和墓地，工作队会来汇报进展，希望他能够给予指导。父亲被寄予厚望，在有生之年他也做了包括通州调查之内的最大努力。

此后父亲写下《曹雪芹卒年考》。该文发表后，一石激起千层浪，关于曹雪芹卒年考据的文章接二连三地见诸报端。

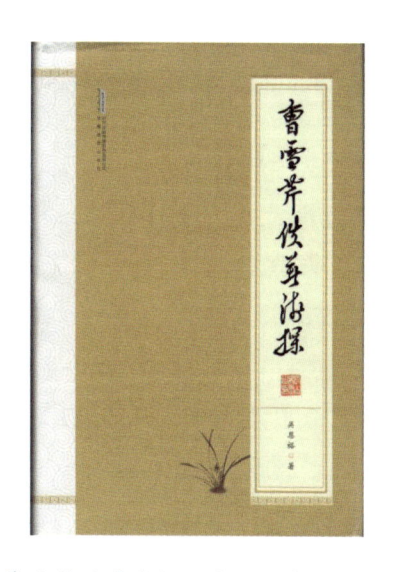

《百年红学经典论著辑要（第一辑）吴恩裕卷》，安徽教育出版社，2020年12月

《曹雪芹佚著浅探》，安徽教育出版社，2019年7月

此后研究曹雪芹的学者纷至沓来，到父亲家讨论，仅我接待的就有张伯驹、启功、李希凡、蓝翎、冯其庸和周雷等数十人。张伯驹和启功等老一代学者仙风鹤骨，风度翩翩，学识渊博，让人肃然起敬。冯其庸和周雷等年轻一代，为人诚恳，一心求学，谦虚好问，都给我留下了十分深刻的印象。

吴恩裕（1909—1979）　　启　功（1912—2005）　　冯其庸（1924—2017）

但包括父亲在内的许多学者未看到通州的发现是太大的遗憾。

1992年7月25日，冯其庸（1924—2017）在张家湾看过曹雪芹墓葬刻石后，写了《题曹雪芹墓石》（四首），其中有云：迷离扑朔假还真，踏遍西山费逡巡。黄土一抔埋骨处，伤心却在潞河滨。

## 2. 通州以路名缅怀抗日名将

我出生在抗日战争末期,我们这一代人对抗日英雄记忆犹新。

通州西北运河畔有赵登禹路(原名东关大街),有漕粮码头,1945年8月15日抗战胜利后改名为赵登禹路,"文革"期间被更名,1984年10月再恢复。2009年因拆迁消失。2015年8月15日通州新城核心区首条新建道路——在原址附近新建的赵登禹路正式通车。曾闻名退迩的通州赵登禹路,在北京市行政副中心建设中获得了新生。

*赵登禹路路牌*

赵登禹(1898—1937),山东菏泽人。1914年加入冯玉祥的部队。1933年任国民党第132师师长。1937年全面抗战爆发,7月下旬,数以万计的日军在飞机和坦克的掩护下,分别向北平、天津以及邻近各战略要地大举进攻。担任132师师长的赵登禹,率部抗击日军入侵,守卫北平外的南苑。部队孤军作战,损失惨重但拼死抗击。7月28日,在奉命向北平撤退途中,在丰台区大红门处遭到日军伏击,壮烈殉国,牺牲时年仅39岁。

佟麟阁路位于通州区西北部,1945年命名,"文革"期间被更名,1984年恢复今名。通州留下了白洋淀抗日英雄的印记。

佟麟阁(1892—1937),河北高阳白洋淀人。1912年加入冯玉祥的部队。1928年任第二集团军第35军军长兼第11师师长。"七七事变"

*佟麟阁路路牌*

爆发时任第29军副军长,1937年7月28日,日军进犯南苑,佟麟阁与赵登禹指挥29军死守,佟麟阁被机枪射中腿部,不肯撤离,仍带伤率部激战。与日军从拂晓战至中午,头部又再受重伤,终因流血过多壮烈殉国,时年45岁。

### 3. 我所认识的通州名人——李希凡的风骨

我所认识的通州人中最有名的是李希凡(1927—2018),他1927年出生于通州城区三官庙胡同。在北京西城西海北沿也有三官庙,可见北京文化早对副中心通州有深刻影响。

他10多岁时父亲失业,而且患重病,家境衰落;13岁开始,先在洋服店当学徒,后在印刷厂当童工,"七七事变"后离开通州,四处逃难投亲靠友。20岁时,他寄居在山东青岛姐姐姐夫家,晚上给时任山东大学文史系马克思主义哲学教授的姐夫赵纪彬做笔录。

贫寒少年李希凡自此开始学习马克思主义,1949年参军入伍,选进华东大学后入山东大学中文系,是新中国成立后的第一届大学生,1953年8月26岁时毕业。从童工到大学毕业的艰难历程,是他对《红楼梦》这部社会百科全书有创新见解的社会实践基础。

李希凡(1927—2018)

1954年李希凡与蓝翎共同撰写关于《红楼梦》的研究文章《〈红楼梦简论〉及其他》,并在《光明日报》发表《评〈红楼梦研究〉》,两篇文章受到毛泽东主席的肯定——"三十多年以来向所谓《红楼梦》研究权威作家的错误观点的第一次认真的开火"。这些成绩使他和蓝翎成了著名的两个"小人物",他早在1954年就当选为第二届全国政协委员,是最年轻的委员之一。

由于《红楼梦》研究,他多次到我家,进门就说:"向吴老请教。"虽已在全国闻名,但没

《光明日报》刊登的《评〈红楼梦研究〉》

1979年，新老红学家在第四次文代会上聚会
左起：蓝翎、李希凡、冯其庸、周汝昌、俞平伯、吴世昌、吴恩裕

有一点架子。他身材高大，态度和蔼，由于常来，有时也与我说上几句："大弟（我的小名），你为什么不喜欢《红楼梦》呢？"当年13岁的我说："我想考清华大学。"他说："噢，好，但《红楼梦》是中国宝贵的文化遗产，是百科全书，科学家也都看。你有家学渊源，有时间也研究研究，写篇文章给我。"遗憾的是我虽然著书立说，但从未写过一篇关于《红楼梦》的文章，辜负了他的期望。

难能可贵的是1966年"文革"开始后父亲已被打成"反动学术权威"，他仍来我家，态度没有丝毫变化，进门还说："向吴老请教。"据说他本人也受冲击，但从不说违心的话、低头弯腰，度过了那场"触及灵魂"的运动，这就是我认识的通州人的风骨。

## 4. 60年前骑车贯通州

60年前，1964年我第一次骑自行车远行，从清华到天津，沿老京津公路连续骑行大约135千米（通州段70千米），第二天从天津骑行到塘沽往返90千米，第三天再从天津骑到北京沙滩120千米，两天半时间骑行了360千米，平均每天骑行时间近7小时，距离144千米，至今是我最长的一次自行车旅行。

吴季松上中学后在清华大学骑车

　　我和杨同学兴致勃勃一路骑去,当时没有瓶装水,渴了只有去路边老乡的茶摊,四月底的下午已经很热,茶摊不多,所以一路都很渴。

　　在朝阳区骑行时遇到三个警察,也向天津方向骑去,问明我们去天津后发出挑战:"小伙子,赛车到天津怎么样?"当时年轻气盛,当然应战,途中交替领先,胜负不断易手,处于胶着状态,以每小时25千米以上的速度飞驰了3个小时,纵贯通州70千米,沿途经过河西务一带,是一片河流纵横、渠道交错的水乡,碧水绿田,一幅农家乐的景象。很快到了杨村。几个警察哈哈大笑:"你们上当了,我们到了。"当时已下午5时,距天津还有40多千米,可我们已耗尽了体力,实在骑不动了,当时真是恨极了这几个开玩笑的警察,我们只顾赛车,连通州都没好好看一下。

　　到了天津已经是晚上8时,就要进入市区,实在骑不动了,又无处可歇息,只得坐在路边的地上。怎么待都不舒服,最后一个"大"字躺在路边。

　　毕竟是20岁的年纪,第二天早晨起来就恢复如初了,当天下午又往返90千米骑去塘沽。第三天上午返回北京,这次牢记了要适当分配体力的教训,早7时出发,除吃饭外仅用6个小时,下午2时前就到了北京,平均每小时骑行20千米,骑的是一般自行车,速度算是很快了。

1970年，小海子大队的小学生捡拾麦穗
（通州区档案馆藏）

返程得以仔细看了通州，从牛牧屯入通州后，先过北运河大桥，当时还是一片水乡；再跨温榆河大桥，湿地逐渐消失；到了张家湾，名副其实，河湾一片涟漪，潞河、富河、浑河和里河在这里交汇。风景优美，人杰地灵，出了不少名人，若不是要赶回清华上课，真想在这里停半天。过了张家湾就是十八里店，距北京外城整整9千米，一点不差，用这种地名让人不但知道距离，而且知道有店可住，很有益于疲劳的旅行者。

60年过去一个花甲子，通州成了副中心，时代的巨变真是当年无法预测的。

## 5. 雄安新区和副中心通州的策划和建设者都有我的博士

有幸和有意义的是副中心最早的建设者有我在北京航空航天大学培养的博士，雄安新区建设最早的参与者也有我在北京航空航天大学培养的博士。这不仅拉近了我和雄安新区与副中心的关系，也使我后继有人持续为雄安新区和副中心通州这千年大计做点贡献而感到欣慰。

2022年北京航空航天大学学生毕业典礼

## （五）水脉与北京城相通

### 1. 大运河通州段

我曾任联合国教科文组织世界遗产委员会委员，该委员会于2014年通过我国大运河为世界文化遗产。大运河始开自隋朝，发展在唐末，到元朝建成，于清朝衰落，在中国特色社会主义新时代，2022年6月清理120年之积淤重新全线贯通。

*2008年，通州运河长卷（通州区档案馆供图）*

2021年6月，北运河通州段40千米河道全线通航，两岸20平方千米的区域均为本已消失的北京最大湿地延芳淀。当年杨柳绿荫密布，麋鹿、河狸成群的原生态现在正在恢复。

为保证南粮北调，北京地区的漕运自金朝起形成制度，通州地区设漕运衙署，始于元朝1288年，至今已有736年，大小漕运衙署近40个，有工部营缮分司（1409年成立）、巡仓公署（1451年成立）、督运漕粮户部分司（1574年成立）和仓场总督衙门（1658年成立）等。

通州因运河为主要因素而兴，但又是一座成因十分复杂的城市，既是我国南北水路运输的枢纽，又是衙门林立的北方政治城镇，还是800年来南方学子北上进京参加科举考试必经的高端文化城镇，集经济、政治和教育三位于一体，在我106国的生态系统和城市化考察中是罕见的，比纽约曼哈顿历史更悠久，内涵更丰富。在此建设北京的副中心既有厚积的历史渊源，又得湿地生态系统的大美。

大运河永通桥及石道碑遗产地　　　　　　通州运河岸边的定船石

　　从经济上讲,在通州码头上岸的商船货物与漕船所夹带的南方特产物资品类众多,米、茶、糖、油、酒、食、果、纸张、竹藤器、瓷器、木器、药材、工艺品、丝绸缎锦等,有百余种。此外还有外国洋货,塞北的皮毛、牛羊、革筋、山珍等。这些庞大的货物集群,催生了周边运输业、手工制造业、餐饮业和其他行业,也带动了本地的物资交易。通州传统的集市林立,著名的有马驹桥集市、张家湾集市、牛堡屯集市、潞县集市、永乐店集市和八里桥集市。仅以距京最近的八里桥现代集市为例,1992年开业,建筑面积10万平方米,紧靠京承铁路和京哈高速公路,是东北、东南各省市客货进京的中转站。

　　从文化上讲,有供学子进京应试途中落脚的江西会馆,又称万寿宫,最为著名;还有山东会馆,又称三义庙,明万历年落成,面积218平方米;其他还有山西会馆和晋冀会馆等,比纽约曼哈顿原有的苏格兰和意大利等同乡会不但多,而且文化层次更高。

　　通州运河文化带北起温榆河大桥,南至武窑桥,全程总长18千米,最宽处1 500米,最窄处600米。"北京(通州)大运河文化旅游景区"整合了"三庙一塔"、运河公园、大运河森林公园三大核心景区,有比北京国子监早4年(1294年)的通州文庙,明朝中期的紫清宫,比北京西城区最早的法源寺(645年)还早近百年的名寺佑胜教寺(始建于550年,汉传佛教大学)和有1 400多年历史的燃灯佛舍利塔。现在沿岸的"绿道花谷"和"延芳画廊"已经恢复。

北京城市副中心，现代的运河商务区大厦拔地而起（通州区委宣传部供图）

通州北运河西至北关段商务区风景

## 2. 通州名镇张家湾

张家湾在北京东南30千米、通州南6千米处，又称"大运河第一码头"，"万舟骈集"是通州八景之一。一些今天已不存在的河流，如潞河、富河、浑河和里河当年交汇于此，说明北京水乡的生态变迁，但今天张家湾仍是一片河曲湿地，是名副其实的"湾"，河流纵横，石桥四布，绿树如茵，小动物出没。

老北京护城河畔

萧太后（953—1009），名萧绰，969年为辽景宗耶律贤皇后，是政治家和军事家，1004年后多次出征，与南宋达成了澶渊之盟

据传，辽建燕京（938年）之后，便利用萧太后河运兵输粮，张家湾湿地是北京最大湿地延芳淀的一部分，当年麋鹿成群、金钱豹光顾、天鹅起降、河狸遍布，海陵王完颜亮（1122—1161）每年春季到此狩猎，因此有养马圈，建在牌楼营村，因行宫而得村名。村南将台是辽萧太后的马步兵出征前集结的点将台。

金建中都，潞河通运，张家湾成为重要码头。元世祖至元三十年（1293年），京城至通州的通惠河疏凿告成，张家湾成为水陆要津，"官船客舫，骈集于此，弦唱相闻，最称繁胜"。通惠河北路今天仍是北京东西的交通要道。

当年漕运总督张瑄（万户）在此督海运，故名张家湾。明初，通惠河失于修浚，凡南来北往人流与物资经运客商都在此留宿。嘉靖六年（1527年）通惠河疏浚，漕船可直达通州。朝廷在此建有皇木厂、木瓜厂和盐场等工厂，木瓜厂今作瓜厂，盐场今作盐滩，由于工商业聚集，形成了西店、长店（今称张家湾镇）二镇。

张家湾设计小镇整体鸟瞰图(北京城市副中心管委会规自局供图)

居民们正在赶往张家湾民俗文化大集商品售卖区进行采购

张家湾镇内外有不少古迹。通运桥在城南门外,1605年石桥完工,两边各有18根精美的狮望柱,神态各异,栩栩如生,以此闻名。曹雪芹家曾在城内开设当铺。

北京城市副中心,漕运古镇张家湾通运桥和新修复的古城墙南门

清真寺建于元代,1519年重修,曾设通州第一所大学——清真大学,该寺规模宏大,槐柏苍劲,雕梁画栋,琉璃宝瓶高达2米,经"文革"后仍存有南配殿和南水房等,现已大部修复,为市级文物保护单位。

张家湾清真寺

张家湾城北古运河西侧的明朝铁锚寺之铁锚为数众多。铁锚寺南向，山门三间，正殿三间，内供奉一件铸铁大锚，高1.8米，重约1吨。张家湾是古运河重要码头，漕船商舫，如鱼穿梭。凡经此寺的船，舵手均要上岸入寺恭拜祭锚，以祈平安。据传说，古通州城似船，古塔是桅，鼓楼为舱，玉带河是缆，筑此寺为锚。西方远洋航行水手教堂很多，但内河船工庙少见，这也是人工大运河的特色。今遗址尚存，有石碑一块。

### 3. 沿河森林公园景观

古来通州以运河古城搭配皇家园林的姿态，为生活在这里的居民营造着一座蓝天绿水的湿地水城市。2021年6月后北运河通州段通航。如今，千年运河水又绿两岸，百年通州城旧貌换新颜。

根据2022年编制的《潮白河国家森林公园概念规划》，公园总面积104平方千米，其中通州占60平方千米，即57.7%；建设的"三园"中通燕艺术运动园也在通州，82千米慢行亲水环和70千米车行风景环，21处景观中通州独立建设9处，共建3处，也占50%。这说明通州副中心绝不是仅移去市政机构，而是美丽北京、生态京津冀的一个重要自然组成部分。

北运河通州段将建成城市副中心的"黄金水道"，打造城市名片

## （六）副中心 2025 年碳增汇碳减排规划

碳达峰和碳中和是我国和国际应对气候变化的重大目标。

副中心将瞄准 6 大方向、通过 16 项重点行动、实施 52 项具体措施，以国际标准全面推进地区碳增汇和碳减排，为建设林业碳汇试点与国家绿色发展示范区贡献力量。

（1）固碳增汇、提升生态系统碳汇能力。

① 公园绿地建设：将尽快完成通燕运动健身园、六环高线公园、潞县东门桥公园等规划建设，加速推进潮白河国家森林公园规划建设，重点推进副中心国家级植物园建设。

副中心的城市绿心森林公园生态湿地

② 自然林建设：在潮白河与大运河沿线、东郊森林公园、温榆河副中心段滨河公园、环城公园游憩带等地，每年实施 1 000 亩精品自然景观林改造提升示范区。

③ 生态湿地建设：围绕潮白河、温榆河等河流水系营造开放享乐、水清岸绿的高质量滨水休闲空间等，到2025年，全区实现新增或修复湿地1000亩以上。

（2）建设优质林业碳汇试点。

推进碳汇产品尽快进入国家统一碳排放权交易市场，实现碳汇价值的货币化补偿。建设北运河－潮白河生态绿洲，构建绿色生态廊道，提升大运河生态景观。

（3）副中心森林覆盖率将达34.6%，超过联合国系统温带森林覆盖率25%下限标准的38.4%；人均公园绿地面积达20平方米，达到国际千万以上人口大城市的标准；公园绿地500米服务半径覆盖率达95%，达到巴黎的标准；湿地保有量6 224公顷，占副中心面积的40.2%，超过地球平原地区原生态湿地占30%的标准。

雄安的史脉和地利
雄安的水脉
雄安新区是国际未来之城

第二章

# 二、疏解非首都功能的未来之城为什么是雄安

北京是中国的首都、国际交流中心，要持续发展，但"摊大饼"的发展模式难以为继，所以要"跳出去"，但为什么要跳到雄安呢？

## （一）雄安的史脉和地利

约2 000年前，燕国在雄安地区建都城"临易"和"易"；约1 000年前，宋和辽在此对峙、交流。历史上雄县曾有过两座山，一为大雄山，一为小雄山，均在县城西南二里。大雄山是宋景德元年（1004年），太守李允则为观察敌情动态在外城积土所建。小雄山是宋朝为防御契丹所筑。因年代久远，这两座山逐渐缩小，后被平整，现已荡然无存。

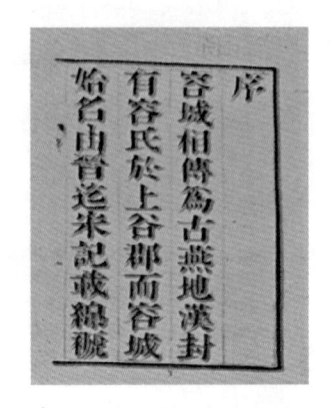

黑龙口燕长城　　　　清光绪年间的《容城县志》

**"安新"由新安和安州合并得名　"白洋淀"为"安州八景"之一**

元朝设新安县,道光十二年(1832年)新安县入安州。民国三年(1914年)取"安州""新安"二地名首字称"安新县"延续至今。

安新以白洋淀知名,白洋淀在清末占天津水运的1/3,每年过往船只2.1万艘,日均58艘,是冀中水路交通要道。

康熙皇帝36次、乾隆皇帝40次来过白洋淀。白洋淀最大的水面本称"洛汪淀",传说一次忽起大风,乾隆皇帝所乘龙船太高,被狂风刮翻,他与群臣纷纷落水。幸有多位渔民相助,他被救到岸上,由此"洛汪淀"被改称"捞王淀"。

历史曾有辉煌,今天的白洋淀居民对雄安新城也是有企盼的。我考察白洋淀多次寻访老农,他们问:"您说我还能看到我家孙子上北京好学校那天不?""您说我有病真能住进北京搬来的好医院吗?"

比较而言,雄安地区是疏解非首都功能建新城的最佳选择,白洋淀是新城的最重要依托,因为都在"首都圈"内,主要原因如下:

① 距离较近:距北京直线距离在150千米以内,避免单位和居民长途搬迁,从而便于疏解和来往。

② 气候条件好:与冀北比,冬季温度较高,风沙较小;与北京气候条件相似,北京人容易适应。

③ 当地人口密度较小:便于征地,地价较低,移民问题很小。

④ 文化基础较好:历史上燕赵文化已有千年,北京是"燕",雄安是"赵"。"燕人张翼德"和"常山赵子龙"人人皆知。

⑤ 经济基础较好:当地人均收入在全国属中游,无扶贫任务。

⑥ 发展方向一致:追溯北京的发展史,主要是向南部平原发展。现在的北京就是元大都在明朝向南迁移的。清朝北京的发展也是向南发展。

⑦ 人均水资源占有量较高:缺水是北京周边都存在的大问题,在北京周边地区中,雄安人均水资源量仅次于承德。

⑧ 便于利用南水北调中线水:南水北调中线容雄段东侧与雄安直线距离仅18千米。

⑨ 依水建城:在中国和世界历史上,城市都是依水而建,雄安新区依白洋淀而建。

⑩ 宜居环境:自金朝起白洋淀就是皇家的避暑和游猎之地,全面生态修复后将为新区居民提供陆水交融、蓝绿交织的宜居环境。

综合这10个条件,从京津冀大系统分析,雄安新区就是北京周边地区符合上述十项条件中最好的,而且是唯一的。

## (二) 雄安的水脉

"以水定城,以水定人"是建城的原则。副中心通州的延芳淀与雄安白洋淀一脉相承。

南郊的南海子,是京郊最大的湿地,10世纪《辽史·地理志四》记载:"延芳淀方数百里,春时鹅鹜所聚,夏秋多菱芡。"以边长300里(辽里约合504米)计,则约为150千米,而面积约为2万平方千米。当年海河有流经通州的北运河和流经白洋淀的大清河,其间一片亦陆亦水的广大湿地。

湿地中的麋鹿

14世纪初,延芳淀从丰台到大兴的水面仍有210平方千米,水深超过2米,是十分典型的湿地。自辽金时代至明清,这里都是皇家狩猎场,鸟兽遍布,生态良好,不但风景秀丽,而且对调节北京气候起了重要作用。直至1780年延芳淀还有100平方千

米,到 1950 年仅剩 7 平方千米,水深还有 1.5 米;1965 年只剩 0.6 平方千米,水深只有 1 米,和白洋淀断了联系。

白洋淀渔民带鱼鹰作业

单从植物系统看,通州的芡实和荷花与白洋淀的都属于同一种,过去相连湿地的水播充分发挥了物种传播的作用。从动物系统看,延芳淀南海子的麋鹿当年也一定在白洋淀成群,这一点有待考古发掘的证据。

通州和白洋淀的渔民同样有鹰渔的传统。《元史·兵志》:"冬春之交,天子或亲幸近郊,纵鹰隼搏击,以为游豫之度,谓之飞放。"飞放台遗址在今通州张家湾镇海子洼村西南大面积低洼处,"海子洼"村名即由马家庄飞放泊淤塞后形成洼地得名,原渔民也养鱼鹰。在白洋淀鹰渔更是渔民沿袭至今的传统。

## (三)雄安新区是国际未来之城

2017 年 4 月 1 日,中共中央、国务院决定设立河北雄安新区。7 年来,这座"未来之城"的建设取得了重大阶段性成果。从蓝图到建筑,一座高水平现代化城市正拔地而起。

## 1. 雄安新区未来之城已拔地而起

雄安新区规划面积1770平方千米,包括雄县、容城县、安新县三县行政辖区(含白洋淀水域)。从起步区先行开发,再建启动区稳步推进中期发展区建设,并划定远期控制区为未来发展预留空间。

雄安新区

以创新理念推进高质量建设,雄安新区坚持先地下、后地上,数字城市与现实城市同步规划、同步建设,地下、地上和云上"三座城"在"未来之城"同生共长。

雄安已累计建设144千米地下综合管廊,500多千米数字道路网,形成了涵盖3大类9个方面,包括200余项标准的智能城市建设框架。云上雄安和"城市大脑"助力数字城市与现实城市共建。"刷脸吃饭""独居老人云守护"等智慧生活在城市智慧管理变为现实。

雄安城市计算中心

目前，雄安新区380多个重点项目累计完成投资超过6 700亿元，4 000多栋楼宇拔地而起。容东、容西片区综合管廊已投入使用，"城市大脑"雄安城市计算中心运行稳定。

为北京非首都功能疏解逐步推进。北京住总集团援建的雄安城乡管理服务中心（便民大厅）已于2018年10月落成，周泽光总经理与我考察了良好的实用效果。央企在雄安设立子公司及各类分支机构200多家，首批疏解的4家央企总部加速建设。

雄安城乡管理服务中心 　　　　　　　　北京四中雄安校区

北京援建的3所学校——北京四中雄安校区（2019年我作为原中国常驻联合国教科文组织副代表亲自考察）、雄安史家胡同小学和雄安北海幼儿园开学，雄安宣武医院开诊（我曾与首都医科大学宣武医院赵国光院长在院士工作站共商预后康复、高端康养方案），中国地质大学（北京）、北京交通大学、北京科技大学和北京林业大学（我与北京林业大学领导商谈首创湿地专业）4所高校和北京大学人民医院雄安院区开工建设，中国移动、中国联通、中国电信互联网产业园等一批市场化疏解项目加快建设……

雄安史家胡同小学 　　　　　　　　雄安宣武医院

7年来,容东、容西、雄东等新建片区内约12万名当地群众喜迁新居。按"国际标准"要求,推进基本公共服务均等化,构筑宜业宜居的"人民之城"。新区依托雄安城市计算中心"城市大脑"管理体系,城市服务管理逐步实现智能化、人性化和精准化。例如,在容东片区布建约3万路前端设备,可智能识别和实时上报各类情况,城市"耳聪目明",人工智能管理已经融入。

雄安的居民区

启动区是集中承接区域。

中国星网总部大楼正在做装饰及绿化收尾工作;中国华能总部大楼在精装修阶段;中国中化大厦主体结构封顶;中国矿产资源集团完成选址落位。

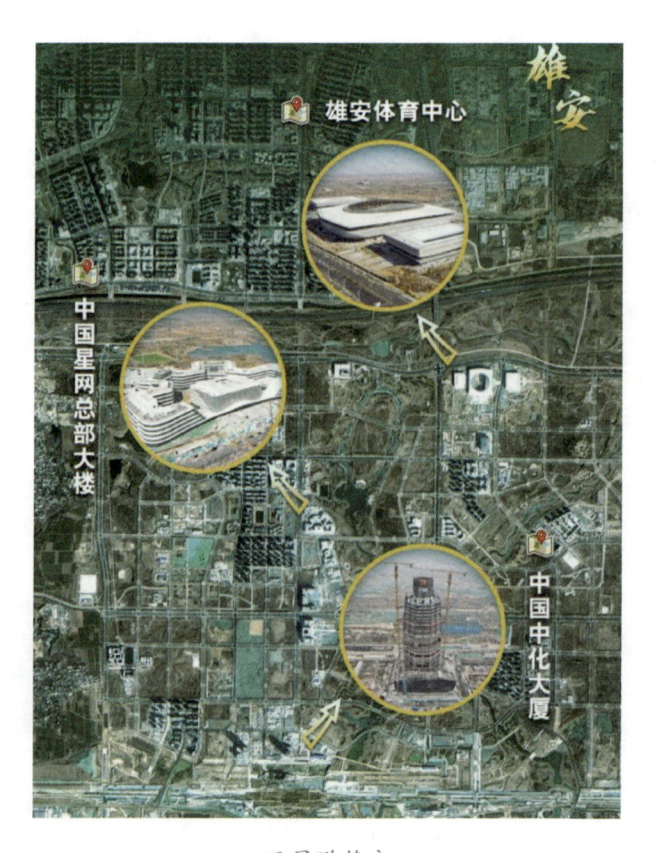

卫星瞰雄安

## 2. 雄安新区人工智能的高新技术产业发展以瞪羚企业为着力点

习近平总书记多次明确指出,建设雄安新区的首要任务是"疏解北京的非首都功能"。建立国际科技创新中心是北京的首都功能,不是疏解的对象,但是雄安是未来之城、国际新城建设的标杆,也要"高起点布局高端高新产业"。如何布局？应该着力发展中央新提出的"瞪羚式"企业自主创新。

中共中央政治局2024年7月30日召开会议。会议指出:要培育壮大新兴产业和未来产业。要大力推进高水平科技自立自强,加强关键核心技术攻关,推动传统产业转型升级。要有力有效支持发展瞪羚企业、独角兽企业。

"瞪羚企业"的概念诞生于20世纪90年代。最初由美国麻省理工学院教授戴维·伯奇提出,是指已经跨越创业期死亡谷,以新技术、新产业、新业态、新模式为支撑稳步进入高成长期,投资不多、行业影响力大、示范带动性强,在引领中小企业转型升级和促进民营经济发展中作用明显的优秀标杆企业。它们具有与"瞪羚"共同的特征——个头不大、跑得快、跳得高。

瞪羚

瞪羚属偶蹄目牛科,身高60~110厘米,体重13~29千克。它们的眼睛很大,像要瞪出来一样,视力发达。瞪羚善于跳跃和奔跑,体质强壮,有适合长跑的腿,可以每小时50公里的速度持续奔跑,跳跃高达3米。瞪羚栖息在干旱地区的绿洲和草原的湿地,是群居动物。中国雄安集团公司院士工作站从湿地野生动物角度对瞪羚有所研究。

瞪羚企业是雄安新区最适宜发展的企业:

① 瞪羚企业是新生企业,如在北京发展要占地、盖房,在雄安新区发展可以疏解相应的非首都功能。

② 北京是国际创新中心,大规模最高端的新质生产力企业应保留在北京,而雄安新区在空白基础上要发展的高端服务业,构建的实体经济、科技创新和现代金融等企业都可以"瞪羚企业"为引导。

③ 雄安新区"制定特殊人才政策,集聚高端创新人才"依靠的不是北京的人才转移,而是应利用特殊政策,吸纳创办瞪羚企业的高端创新人才,并产生集聚效应。

雄安新区中关村科技园,至2024年4月已有约70家高新技术企业入驻

"瞪羚"是白洋淀湿地早已消失的原生物种,湿地亦陆亦水,瞪羚看得远(需要分清陆和水),跳得高(为了生存,必须跃过深水的沟汊),是最适应湿地环境的动物之一。瞪羚企业是"把智能、绿色、创新打造成为雄安新区的亮丽名片"的最有力措施。

白洋淀是雄安新城选址的基础
恢复白洋淀动植物系统是白洋淀生态功能的保证

第三章

# 三、白洋淀湿地是雄安新城的生态依托

白洋淀的及时分洪、有效蓄洪和充分保水是白洋淀生态修复的首要工作。习近平总书记早在 2020 年 8 月 19 日赴安徽合肥肥东县十八联圩生态湿地蓄洪区考察时就强调"要坚持生态湿地蓄洪区的定位和规划,防止被侵占蚕食,保护好生态湿地的行蓄洪功能和生态保护功能",明确指示将生态湿地和蓄洪区结合起来。目前中国雄安集团公司院士工作站正在以此为重点加紧工作。

中国雄安集团公司院士工作站坚持京津冀大系统分析和科学规划,"补"白洋淀作为蓄滞洪区利用不足的"短板","强"白沟引河引水功能差的"弱项",提升防灾救灾能力,再来洪水时将大大减轻北京洪水压力。

## (一) 白洋淀是雄安新城选址的基础

白洋淀位于太行山东麓永定河冲积扇与滹沱河冲积扇之间的低洼地区,古称白羊淀,自西北向东南倾斜,主要由白洋淀、烧车淀和马棚淀(已干涸)等 143 个大小淀泊和 3 600 多条长短不一、深浅不等的沟沟汊汊组成,有的淀已成独立水域,由此构成亦陆亦水、陆水交融、陆水转换,淀中有淀、沟汊相连、淀中有村、村间有淀,田园和水面相间分布的特殊地貌和人居环境。

20 世纪 50 年代水域面积接近多年平均值,目前东西长 39.5 千米,南北宽 28.5 千米,总面积 366 平方千米,当年水量丰沛,有小火轮通行。

从水源看,白洋淀承白沟引河、潴龙河、唐河、漕河、孝义河、瀑河、府河、萍河 8 条河流来水,平水年基本能自给。由枣林庄枢纽工程下泄,经赵王新渠、独流减河,穿北大港入海。

第二篇 为什么副中心是通州、疏解地是雄安

20世纪50年代白洋淀渔民打盖房用的箔帐　　20世纪60年代公社化后渔民卡船联合捕鱼

多年平均入淀水量：20世纪50年代19.29亿立方米，60年代29.039亿立方米，70年代骤降至10.334亿立方米；进入80年代，气候偏旱，加之水库对水源调蓄失衡，导致1983—1988年连续5年干淀。同时，20世纪70年代后，排污和水少使水质污染日益严重。

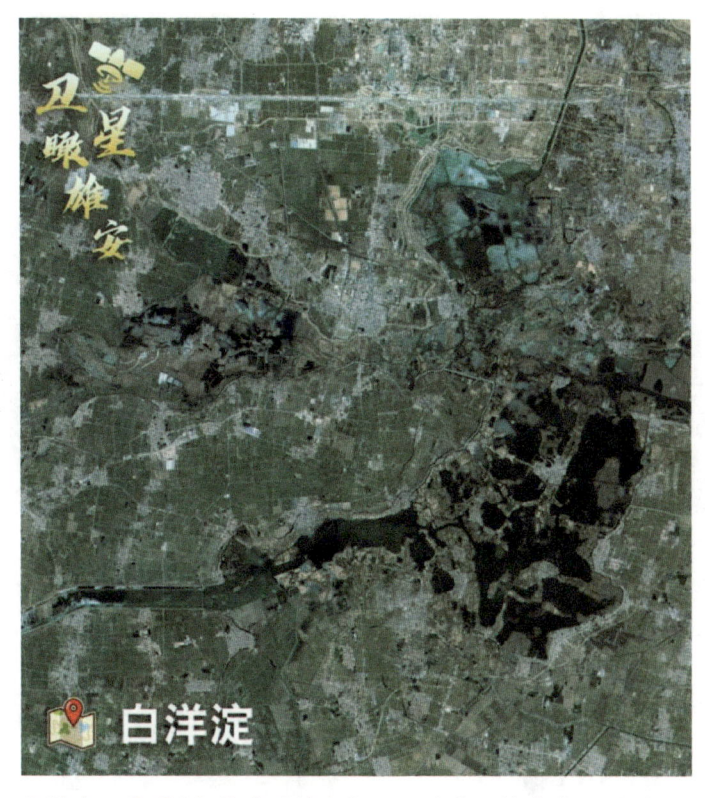

白洋淀卫星图（自然资源雄安新区卫星应用技术中心供图）

目前由于采取外调补水、严格截污等多种措施,湿地水质连续3年稳定在Ⅲ类。

随着"鸟中大熊猫"青头潜鸭、国家保护动物斑嘴鸭等稀有鸟类"落户"白洋淀,白洋淀野生鸟类增加至279种,较新区成立前增加了73种。原已濒于灭绝的鳗等野生鱼类已出现,目前鱼类已恢复至48种,较新区设立前增加了21种,野生动物指示物种中华鳑鲏开始在全淀分布。

白洋淀的青头潜鸭

白洋淀湿地是华北平原最大、最典型的淡水湿地,对维护华北地区生态系统平衡有重要的生态功能:

一是净化水源。被誉为"华北之肾",保持水生态系统质的平衡。

二是蓄滞洪水。白洋淀是蓄滞洪区,我在《湿地修复规划理论与实践》(中国建筑工业出版社,2018年9月)和《湿地生态修复工程原理与应用》(中国建筑工业出版社,2021年11月)等著作中一再阐明。在2024年7月出版的《湿地贵在原生态——中国的湿地科学》中又作了深入探讨。

20世纪70年代末改革开放,个体手工业发展,生活好起来的农民在织席

三是丰水年吸水,枯水年放水,是冀中区域的"天然海绵",维系水量的平衡。

四是有保护和维系原生态动植物系统和生物多样性,以及蓄水保水的能力。

五是湿地不仅有旅游、休闲和高端康养等经济价值,湿地产物还可以创新产业、发展新质生产力,如用湿地植物发展制药业。

### 1. 要向白洋淀蓄滞洪水,首先要通过白沟引河分洪

白沟引河是北京向白洋淀分洪的主道,始建于1970年,将上游白沟河、南拒马河水引入白洋淀。引水工程自新盖房枢纽引河闸开始至白洋淀新安北堤止(容城县留通村东),全长12千米,河底宽100～150米,纵度1/12 000,设计流量500立方米每秒。

白沟引河(陈龙摄)

白沟引河全线在雄安新区容城县界内,目前仅作为输水渠道,没有足够的行洪能力,应向白洋淀(烧车淀)做全长12千米的泄洪工程,加上两岸空地可以建成15平方千米生态蓄滞洪湿地,至少使3 000万立方米洪水进入白洋淀。

白洋淀有足够的蓄洪量容纳全部洪水,生态湿地蓄滞洪区建成后水容量可达2.5亿立方米。

白沟引河入烧车淀口的茂密植被(陈龙摄)

在分洪工程质量达标的基础上,适当加高加固堤防。"以疏为主,以堵为辅",完工后组织专家组检查工程质量,组长签字承担责任,以保千年大计。

## 2. 蓄水、净水和节水

习近平总书记早在 2020 年 8 月 19 日赴安徽合肥肥东县十八联圩生态湿地蓄洪区考察时就强调"要坚持生态湿地蓄洪区的定位和规划,防止被侵占蚕食,保护好生态湿地的行蓄洪功能和生态保护功能",明确指示将生态湿地和蓄洪区结合起来。白洋淀湿地生态修复规划及工程将逐项落实。

### (1) 白洋淀蓄滞洪区设计

按现有规划,白洋淀蓄滞洪区面积 943 平方千米,滞洪高程 10.01 米,泄洪量 28.91 亿立方米,为大清河系最重要蓄滞洪区,对北京和冀中防洪有重大作用。

白洋淀现有湿地最大有水面积估算为 290 平方千米,如进行真正的生态修复,以湿地蓄滞洪区可蓄水 3 米深而不致洪泛计,最大蓄洪量可达 8.7 亿立方米。而 2023 年 7 月 30 日汛前,白洋淀蓄水仅 2.72 亿立方米,应可再容纳 6 亿立方米

在新安北堤三台堤段眺望藻苲淀（陈龙摄）

洪水。据计算,海河"23·7"流域性特大洪水可达白洋淀流量为2.5亿立方米,将全部容纳。

**（2）适量蓄洪后不再向白洋淀调水,高效利用北调南水**

目前白洋淀尚未做有效的生态修复,水生动植物系统保水能力差,保淀主要靠换水,2018—2023年共换水11.3遍,2023年7月底汛前白洋淀蓄水仅2.72亿立方米,平均水深仅1.33米,造成水资源的巨大浪费;又因缺水,不利于白洋淀原生态系统的自然修复。

马棚淀

**2016—2022 年白洋淀平均蓄水量和水面面积情况表**

| 年份 | 蓄水量（亿立方米） | 水面面积（平方千米） |
| --- | --- | --- |
| 2016 | 2.65 | 221 |
| 2017 | 2.78 | 228 |
| 2018 | 3.31 | 254 |
| 2019 | 3.58 | 266 |
| 2020 | 4.16 | 290 |
| 2021 | 4.13 | 289 |
| 2022 | 3.53 | 264 |
| 平均 | 3.45 | 259 |

**2018—2023 年白洋淀生态补水情况表**

单位：亿立方米

| 年份 | 上游河道补水情况 |  |  |  | 入淀水量 |
| --- | --- | --- | --- | --- | --- |
|  | 引江 | 引黄 | 水库 | 合计 |  |
| 2018 | 2.23 | — | 2.61 | 4.84 | 3.48 |
| 2019 | 2.97 | 2.25 | 5.75 | 10.97 | 4 |
| 2020 | 7.5 | 3.89 | 3.39 | 14.78 | 5.56 |
| 2021 | 8.07 | — | 8.85 | 16.92 | 13.62 |
| 2022 | 5.25 | 2.41 | 9.83 | 17.49 | 9.48 |
| 2023 | 1.22 | 0.18 | 3.64 | 5.04 | 2.76 |
| 合计 | 27.24 | 8.73 | 34.07 | 70.04 | 38.9 |

近 6 年入白洋淀生态补水量已达 38.9 亿立方米，是近年平均蓄水量 3.45 亿立方米的 11.3 倍，等于换了 11 次水，超过清污要求，造成浪费。应"多蓄水，强保水，少调水"，实现高质量发展，维系当地水的紧平衡，保障人民生活和农业用水。

### (3) 保住湿地最低水面红线

湿地水面萎缩，降低洪水调节功能。近年白洋淀水面剧减，湿地萎缩，已从20世纪60年代前360平方千米的多年平均值下降到2015年的约100平方千米，现在雄安新区规划评议专家组、中国雄安集团和中国雄安集团公司院士工作站的努力下恢复到近200平方千米，是白洋淀水面的红线。

湿地面积的大幅度减少和生态功能下降首先导致湿地蓄水容量减少，储水空间变小，使洪峰向下游推进成灾。湿地常干，草根层破坏，植被演替，也降低了湿地对洪水的泄蓄功能。2023年大洪水时没起到蓄滞洪区应有的作用，就是深刻的教训。

白洋淀亦陆亦水，陆水交融，有不小的淀中村（吴季松摄）

## 3. 污染治理，还白洋淀一池清水

湿地的重要功能是降解水环境污染物，由于白洋淀湿地萎缩，污染负荷超过湿地水体的自净能力，更使净化功能降低，污染不断加剧，而且湿地水体本身也受到了污染,湿地水质的恶化进一步影响湿地土壤,形成本底污染。

仅靠沿淀采取严格的限污措施,以至要求"零排污入淀",可以使水质暂时明显变好,但无法持续。应实行高质量发展的政策,把湿地净污的能力变成"新质生产力"。

孝义河河口湿地水质净化工程鸟瞰图

## 4. 恢复生物多样性是生态修复的重中之重

湿地被誉为物种"基因库",它的动物、植物和微生物系统是地球上生物多样性最丰富的区域。

围垦多年来,农渔业使湿地用途改变,捕杀使原湿地物种丧失了生存空间。典型事例是"湿地工程师"河狸已经绝迹,"老北京"餐桌上的鳇鱼等对水质要求高的鱼也已绝迹,20世纪50年代北京仅有的三大"冬菜"之一、对水质要求较高的野生菱也几乎绝迹。

目前植物方面可先恢复野生菱。动物方面可先恢复鳇鱼;再借鉴欧洲的成功经验,以"国际标准"恢复河狸;最后借鉴长江湿地经验,以"中国特色"恢复麋鹿。

相对而言,候鸟吸引只是任务之一,而不是最重要的任务,因此也不是主要成绩。

## （二）恢复白洋淀动植物系统是白洋淀生态功能的保证

湿地的动植物生态系统是湿地主要的系统之一，不能只喊口号，必须以科学的标准落实。以什么标准恢复呢？我考察了106个国家的主要湿地生态系统，参考湿地就是标准，旗舰动物回归是标志。我们"人与湿地的奥秘"公众号发布的文章《狼的回归是北京生态系统恢复的重要标志》点击量逾万就是证明。

### 1. 参考湿地的概念

选参考湿地是修复现有湿地和恢复干涸湿地的重要方法，做法就是与目前地球上现有同类的健康湿地比较；它与追溯项目湿地的生态史和现状资料调研并列为湿地修复的三大方法。

2018年吴季松乘船在白洋淀考察

## 2. 白洋淀湿地植物系统

常见湿地植物可分为挺水植物、浮叶植物、漂浮植物和沉水植物四类。

**湿地植物常识救美国女大学生**

2004年我在巴西水利署长陪同下考察亚马孙河上游湿地。科考船向雨林深处驶去时，发现两个美国女大学生坐在旅游快艇上大声呼救，原来她们乘的快艇在岸边湿地芦苇丛中搁浅了。为了"好奇探险"，她们给游艇手不断加钱，游艇手盲目进入被禁的河流上游湿地深处，造成搁浅。

她们挥手叫喊，而那个游艇手比她们更了解危险，远远望去浑身发抖。陪同让我作决定，我说："不能见死不救。"于是，指挥科考船驾驶员，在茫茫水中看准水深处茂密的浮萍丛驶去，才能保证我们不至于也搁浅。船退回来接近遇困游艇，把绳索头系成套抛出多次后套住游艇锚钮，开足马力把游艇拖了出来。据陪同说法，如果被困人不能得救，夜里巨大的鳄鱼会昼休后出来把被困人的船轻易地顶翻，人自然成了巨大鳄鱼或蟒蛇的夜宵，其后果不堪设想。

而科考船救她们时，如果冲的方向不对很可能也会搁浅。我们团组有专业知识，知道浮叶植物在水中生根，茂密处反而水深。如果是只在实验室中的"湿地专家"，一定以为浮叶植物"根在泥中"，认为那里水浅而错误指挥，会让两船都进入险境。

**（1）挺水植物**

挺水植物是指根和地下茎生长于水域或其周边底质中，茎叶等光合作用组织直立伸出水面气生。我国常见的挺水植物有芦苇、芦竹、荷、香蒲和慈姑等。

① 芦苇，多年生草本，根状茎十分发达，地上茎秆直立，成熟株高可达3米以上，是白洋淀的主要挺水植物，有较高的经济价值，在淀区有"铁杆庄稼"之称。白洋淀是全国著名的芦苇产区。"白皮栽苇"皮薄，杆高一般在4米以上，当年是雁翎队的隐蔽所，现已退化，所占面积缩减。

② 菖蒲，多年生草本，根茎横生，可入药，是白洋淀原生物种，目前数量日减，亦亟待恢复。

③ 香蒲，多年生水生或沼生草本，根状茎乳白色，地上茎粗壮，向上渐细，高1.3~2米，是白洋淀原生植物，经济价值较高。花粉即蒲黄可入药，叶梗有香味，可制香水，还可驱蚊；叶片可用于编织、造纸等。

芦苇

菖蒲　　　　　　　　香蒲

④ 莲，是白洋淀原生植物，俗名荷花，北京颐和园和圆明园的荷花均来自白洋淀。它是多年生草本，茎肥厚，横生地下。观赏价值高，有助于发展旅游业。花可药用，根状茎（藕）可作蔬菜或提制淀粉（藕粉）；叶在解放前为小贩卖熟食品的包装材料。

**（2）浮叶植物**

浮叶植物是指根和地下茎生长于水底基质中，无明显的地上茎或不能直立，叶漂浮于水面。白洋淀常见的浮叶植物有睡莲和芡等。

莲

白洋淀的浮叶植物

睡莲

① 芡，一年生水生草本，白洋淀原生植物。全草可作饲料及绿肥，根、茎、叶均可药用，是最有经济价值的浮叶植物。

② 睡莲，多年生水生草本，是白洋淀原生植物。根茎粗短，叶漂浮于水面。根茎可供食用或酿酒，全草可作绿肥。

**（3）漂浮植物**

漂浮植物是指植株漂浮于水面，根退化，可随水流四处漂浮的植物，通常分布于水深大于 0.2 米、流动性较弱的水体。白洋淀的漂浮植物有浮萍和槐叶蘋等。

① 浮萍，漂浮植物，白洋淀原生物种。叶体对称，上面绿色，下面浅黄或绿白色，是良好的猪、鸭饲料和草鱼饵料。全草入药，能发汗、利尿、消肿毒，治风湿脚

气、风疹热毒、水肿、小便不利、斑疹、感冒等病症,经济价值很高。

② 槐叶蘋,小型漂浮植物,白洋淀原生植物。茎细长而横生,在沟汊内较多。全草入药,治虚劳发热、湿疹,外敷治丹毒、疥疮和烫伤。

浮萍

槐叶蘋

(4) 沉水植物

沉水植物是指根或叶状体固着于水下基质,植株光合作用组织完全水生的植物,通常分布于深度不超过5米的水域。我国常见的沉水植物有黑藻和狐尾藻等。

① 狐尾藻,多年生粗壮沉水草本,为白洋淀原生物种。根状茎发达,在水底泥中蔓延,节部生根。在沟汊中较多,可为养猪、养鱼、养鸭的饲料。

② 黑藻,多年生沉水草本,白洋淀原生植物。茎圆柱形,表面有纵向细棱纹,质较脆,是白洋淀的观赏植物。

狐尾藻

黑藻

## 3. 湿地植物系统修复的物种选择

建新湿地不是建"公园",建"公园"也要以科学模式,如果没有理想的植物群落,不受欢迎的物种也可能会在其中占地、抢水,甚至有可能占主导地位和压倒有益的物种,导致物种丰富度降低,损害湿地生物多样性及生态功能。

因此不鼓励"湿地热"一哄而起,应以科学修复原生湿地为主。无论是修复还是创建湿地,植物物种的选择都十分重要。

挖坑造"湿地"

**(1) 原生物种**

湿地在地球三大生态系统中被破坏得最为严重(一般仅余原生态的1/5)。因此,湿地恢复或建设项目中,利用或重引入该地区的原生物种是最理想的修复方式。

乘船考察白洋淀乔灌草植物生态系统(吴季松摄)

**我在澳大利亚考察桉树的天敌**

桉树是桃金娘目桃金娘科植物,在澳大利亚湿地广泛分布。桉树的杂交品种"速生桉",因为生长快、不择地的优势,作为造纸原料由新加坡制造商引种进入我国,在两广、云贵地区路边和湿地大面积种植。但其对土壤的水分需求极大,导致地下水位下降,抑制其他树种和灌木生长。桉树脱落的树叶和树皮还会向土壤释放有毒化学物质。

2000年11月,我作为北京奥申委考察悉尼奥运会代表团团长出访澳大利亚,在悉尼和墨尔本之间大片湿地中的桉树林考察出为什么它在澳大利亚不成灾。原来树上有树袋熊(考拉),吃树叶、树皮和种子,抑制桉树生长。

我国当然不能引入树袋熊,而应不图小利,保护生态,尽量限制桉树的种植。

吴季松在澳大利亚奥委会官员陪同下考察

**(2) 外来物种**

外来物种是从其他地区引进的物种。外来物种可能因没有天敌而成为有害物种,变得相当难以控制。水葫芦便是一个典型例子。

**水葫芦的实例**

20世纪50年代,我国从南美巴西引进水葫芦,学名凤眼莲,广泛放养于南方的乡村河塘。一株水葫芦6天内生长面积可翻一番,所以水葫芦引进后开始在池塘、河边、湖边疯狂地生长。

后来滇池、太湖、黄浦江及武汉东湖等全国18个城市著名水体均出现水葫芦泛滥成灾的情况。在一些污染严重的水域,水葫芦能吸附水中的重金属等有毒物质,其死亡后沉入水底,造成水质的本底污染,不仅破坏水生生态系统,还威胁在水中生活的各类生物。

**全球 106 国生态系统和城市化考察时在维多利亚湖看水葫芦**

1997 年,我在肯尼亚内罗毕联合国环境规划署官员陪同下,专程赴基苏木考察维多利亚湖,走到湖边才看到靠岸的水边全是水葫芦,以铺天盖地之势铺满湖面,湖面由蓝色变成绿色,成了水葫芦世界;在旅馆中看到出港的船正在水葫芦中前进,举步维艰。哪怕是在水面开阔的地方,也卧着一簇簇水葫芦,好像黑色的怪物,准备吞噬这剩余的湖面。美丽的维多利亚湖的卡维龙多湾,好像一片藏污纳垢的池塘。

在肯尼亚考察

基苏木工业发展很迅速,又多是制革、化工、印染、食品和水泥等污染严重的行业,只求利润,不治污染,虽然一时繁荣,但破坏了环境,造成了恶果。水葫芦已经使航运停顿,导致船只一年中只有 9 个月能通航。在码头上,一艘巨型货轮被围在水葫芦里,四周漂满垃圾,不知停泊了多久?油漆已经斑驳脱落,船舷上锈迹斑斑,惨不忍睹。

我为此到原生地巴西调查,原来在当地的水葫芦生长受到抑制,是因为当地有一种昆虫食水葫芦籽,从而达到生态平衡。而引入中国后因没有这种昆虫,水葫芦疯长成害。我亲自将调查结果报告有关部门,开讨论会时有专家曾建议引入这种

在肯尼亚维多利亚湖畔的水葫芦丛前

昆虫,我指出:"引进新物种可能带来更大的新问题,这种设想是不可行的。最好的办法是利用水葫芦。"

**我在苏州建议发动群众治理水葫芦**

苏州是一座河成湿地城市,21 000 余条河道沟汊纵横,由于"填湿造城",至20 世纪末,历史上的水乡发生了巨变:一是许多河道被填埋;二是许多河道淤塞;三是河面上到处漂浮着垃圾和腐烂的水葫芦。不但苏州市民,就是外来游客也感到苏州的河道太脏,掩鼻而过,生活在水边居民的难处可想而知,"上有天堂,下有苏杭"名存实亡。过去环卫部门尽了很大努力,但是情况都不能得到改观。

2001 年我在苏州倡建水务局体制,推动涉水事务统一管理。受市场运作的启发,我建议另辟蹊径,把全市 80 千米的河道分成 16 个标段向社会公开进行保洁招标,发动群众参加。后来,下岗职工和农民工排队踊跃报名,原定每年 450 万元的环境治理费,仅用了 360 万元就雇足了河道清洁工。清洁工分段包干,吃饭睡觉都在保洁船上,工作效率大大提高,责任心增强。当地政府不仅清理了水葫芦,还省了钱,安置了就业。不少外商都希望投资。

此后国家采纳了我的建议,将这些水葫芦全部收集起来,用它来制作颗粒绿肥,化害为利、变废为宝,用于生产真正的绿色蔬菜。

### 4. 白洋淀野生动物系统

目前国内把湿地野生动物保护主要注意力放在候鸟上,这是片面的,更应注意湿地动物的多样性,尤其是生态功能强而在多地几近灭绝的生物种,如河狸。

白洋淀的野生动物系统主要包括鸟类和哺乳类。

**(1) 白洋淀、千年秀林与雄安城市鸟类研究**

过去,白洋淀区有鹤、鸳鸯、鹧鸪、鹄(天鹅)和白鹭等鸟类,留鸟多于候鸟。20世纪70年代后,随着淀区环境的变化,一些珍贵鸟类逐渐减少,尤其是留鸟大幅减少。1983年基本干淀后,珍贵鸟类濒于绝迹。1988年来水后,水禽种类尤其是候鸟不断增加。

灰燕　　　　　田鹨　　　　　黑眉苇莺

截至2024年2月,白洋淀野生鸟类增加至276种,较雄安新区设立前增加了70种。

2022年11月16日,研究人员在白洋淀内观测到2只丹顶鹤。这是自2002年白洋淀湿地自然保护区建立以来首次实证记录到丹顶鹤在白洋淀流域栖息。丹顶鹤体长120~160厘米,是国家一级保护野生动物,对水质要求较高,喜欢生活在清澈、无污染的水域。这说明白洋淀水质明显改善。

动物系统修复应以20世纪50年代为原生态参照,鸟类如下:

① 白洋淀的主要候鸟和留鸟

**白洋淀的主要候鸟和留鸟**

| 候鸟 | | | |
|---|---|---|---|
| 雁形目 | 鸭科 | 斑嘴鸭 | 体长58~63厘米,翼展83~91厘米,适应性强。 |
| | | 麻鸭 | 中国数量最多和分布最广的家鸭,产鸭蛋销北京。 |
| 鹰形目 | 鹰科 | 鹊鹞 | 体长43~50厘米,翼展110~125厘米,栖息于淀中,常单独活动。 |
| 鹤形目 | 秧鸡科 | 黑水鸡 | 体长30~38厘米,栖息于淀中,尤喜在多芦苇等挺水植物中。 |
| 雀形目 | 苇莺科 | 大苇莺 | 体长19~20厘米,栖息于水塘、湿地等水域里茂密的芦苇丛或灌丛中。 |

| 亦候亦留的鸟类 | | | |
|---|---|---|---|
| 鸻形目 | 水雉科 | 水雉 | 体长39~58厘米,活动于淀中多浮水植物区,尤喜菱角、芡实田。能在浮水植物叶片上行走。 |
| | 鸥科 | 须浮鸥 | 体长23~28厘米,翼展74~84厘米,栖息于淀中和河口。 |
| 雀形目 | 柳莺科 | 黄眉柳莺 | 体长10~11厘米,常单独或集小群活动,但迁徙期间可见集大群。"两个黄鹂鸣翠柳"即指该鸟。 |

| 留鸟 | | | |
|---|---|---|---|
| 鸊鷉目 | 鸊鷉科 | 小鸊鷉 | 体长23~29厘米,活动于湿地和河口。 |
| 鹈形目 | 鹭科 | 黄斑苇鳽 | 体长30~40厘米,翼展50~55厘米,栖息于淀中茂密的芦苇丛。 |

②"千年秀林"中的鸟类

白洋淀区域的树林到20世纪末已因过去的战乱和之后的建设等原因被砍伐殆尽,自2017年起当地人工培育了47万亩的"千年秀林",我们对林中的原生鸟类做了研究。

**"千年秀林"中的留鸟和候鸟**

| 留鸟 | | | |
|---|---|---|---|
| 鹃形目 | 杜鹃科 | 四声杜鹃 | 体长31~34厘米,栖息于林地。 |
| 啄木鸟目 | 啄木鸟科 | 棕腹啄木鸟 | 体长19~23厘米,栖息于林中,多在树冠层活动和觅食。 |

| 候鸟 | | | |
|---|---|---|---|
| 鸽形目 | 鸠鸽科 | 山斑鸠 | 体长28~36厘米,栖息于树林和城市公园。常成对或集小群活动。性较大胆,不甚惧人。 |
| 雀形目 | 伯劳科 | 红尾伯劳 | 体长17~20厘米,活动于林缘的开阔地带,喜灌丛环境。 |

③雄安城市中的鸟类

鸟类是人的朋友,在新建的雄安城市中应有鸟类与居民共处。

**雄安城市中的鸟类**

| | 雀科 | 麻雀 | 体长12~15厘米,栖息于城市和乡村,适应与人共处的环境。 |
|---|---|---|---|
| 雀形目 | 燕科 | 家燕 | 体长17~19厘米,喜靠近湿地的栖息地,能适应城市环境。在水边衔泥筑巢,在城市通常筑巢于房檐下。 |
| | 鸦科 | 喜鹊 | 体长40~50厘米,特别适应人居环境。 |
| | | 灰喜鹊 | 体长31~40厘米,在城市居民区常见。我家门前就有。 |

**(2) 哺乳动物**

湿地是全球生物多样性最丰富的地域,过去白洋淀的哺乳动物由于几乎灭绝被忽略,但湿地哺乳动物有重要的生态功能,亟待恢复。

①河狸

据已干涸的马棚淀边80岁的老居民讲,他儿时见过"大水耗子",即河狸,这是原来在我国大部分湿地都有的原生动物,其在湿地水中搭窝筑坝,是"湿地工程师",有很强的净水、蓄水和保持地下水位功能,其物种亟待恢复。

河狸

2018年到马棚淀龙化乡拥城村访80岁老农,他说:"我小时候见过'大水耗子'(河狸)"(吴季松摄)

国际上到20世纪初人们都还不了解河狸的重要作用,英国大量捕杀河狸,导致这一物种到20世纪中叶几乎灭绝。此后才出台了保护政策,河狸数量大大恢复,从而使英国的湿地水蕴藏量是欧洲大陆同类湿地的9倍,足以应对枯水年。我们在实地看到,由于河狸的作用,英国湿地和小河"春江水满",水几乎溢上岸,而在我国已很少见到这种现象。

**我作为德国政府贵宾考察易北河河狸遇关愚谦教授**

1999年我受邀,作为德国政府每年邀请的一位中国著名学者(1998年为王蒙)自立课题全线考察易北河,德国政府派出海佩春女士为专职翻译陪同,她是德国华人联合会主席关愚谦的夫人,汉语讲得很好。

在易北河考察河狸恢复

关愚谦教授(1931—2018)1949年初进入北京外国语学院攻读英文,后转为俄文。提前毕业后曾为中央领导邓小平、陈云等做过翻译。

他于1968年初辗转来到埃及。埃及当局以非法入境为由,把他投入令人生畏的英国殖民者所造的开罗监狱,长达1年多之久。1969年,他拒绝前往美国和苏联,在联合国红十字会的协助下,离开埃及监狱,飞往联邦德国,在汉堡大学攻读硕士、博士学位。在此期间结识了才貌双全的德国姑娘——海佩春小姐，1977年结婚。

1988年和1998年分别受聘为杭州大学和浙江大学兼职教授。

关愚谦先生用中、德、英、意文出版了26本著作，其中有纪实文学《浪》（德文版名《生活在两个天空下》），反映了一个中国知识分子历尽磨难、漂浮不定的一生。这本书长年被德国出版界评为五星最优秀作品。

考察期间，我被邀请去他家做客。关先生已近70岁，中等身材，从脸上就可以看出虽饱经沧桑，但没有磨去他的思想和意志。

关愚谦教授于寓所

那天晚上我们尽兴长谈，我说关先生的经历真可谓传奇，可是关先生说："您的经历比我更传奇。"关先生夫妇送我出来后，汉堡的夜空布满星星，我们不由得都望着祖国的方向。临走，他还签名送了我几本著作，沿着汉诺威灯光暗淡的小巷把我送回旅馆。此后他也多次回国，为中德友好做了很有成效的工作。

我可讲英语，只在原东德地区需要翻译，海佩春女士愧未尽责，努力在大饭店为我安排大餐，我为节约时间常拉她去吃麦当劳，使她十分为难。

考察中在易北河多处看见了硕大的河狸，我专门停下，看它们的筑坝操作。当地河狸从已灭绝恢复到考察时的1万只，成绩显著。

英国首先在泰晤士河湿地恢复已近绝迹的河狸种群。德国汲取了英国的经验，很好地恢复了易北河的河狸种群，考察时易北河流域已被称为"河狸的天堂"。20世纪欧亚大陆仅存200只河狸，现在欧洲已有50万只，德国就有3.5万只，遍布易北河、莱茵河。法国也紧紧跟上，罗讷河也已有数万只河狸。

② 麋鹿

麋鹿是中国湿地特有的原生动物，犄角像鹿，面部像马，蹄子像牛，尾巴像驴，故得名"四不像"。19世纪以前从北京南海子到白洋淀的连绵湿地都有麋鹿。到清朝中期，由于大量捕杀，在自然湿地绝灭，成为园林动物，最后一群麋鹿保留在北京"南海子"皇家猎苑中，到清朝末年仅剩百余只。

1865年，法国传教士阿芒·戴维到北京南郊考察，在皇家狩猎场发现了麋鹿，

我国江苏大丰湿地的麋鹿

确定它是一个新的物种,而且是一个单独的属,将其载入世界动物学史册。此后几经辗转,一些麋鹿被运出中国,饲养在欧洲的几家动物园里。

1890年,永定河遭洪水决口泛滥,殃及南海子湿地,南苑围墙多半倒塌,苑内圈养的120只麋鹿被冲散,被人追捕猎食,只剩20多只。1900年八国联军侵入北京,劫掠南苑,麋鹿被杀光,在中国基本灭绝。

1985年,中英两国政府启动了麋鹿引进项目,8月24日,22只麋鹿结束了这一种群漂泊海外近百年的历史,回到了它们的原生地——北京南海子。现在南海子麋鹿已移居内蒙古乌梁素海和长江湿地,但更应移居白洋淀。历史上南海子与白洋淀有水系相连,至少在200年前,北京延芳淀的麋鹿在白洋淀也应存在。

考察时团员喂麋鹿

### (3) 鱼类

20世纪50年代前期，白洋淀流域内降水量偏多，汛期沟河贯通，河淀相连，给各种鱼类生长繁殖及索饵洄游创造了良好条件。鱼类品种多，自然繁殖量大。1958年有17科54种。

白洋淀渔民带鱼鹰入淀捕鱼

进入60年代，白洋淀水位、水情及周围环境急剧变化，加之上游多处修建水库，下游建拦河闸，使河道断流，切断了淀内鱼类洄游的通道，致使近海的鱼不能上溯入淀，种类和数量减少。到70年代由于大量污水直接入淀，白洋淀生态系统更遭到严重破坏。

据1980年调查，白洋淀的鱼种类已减少到14科40种，其中以耐差水质的鲫鱼、黑鱼、鲇鱼和小杂鱼为主，而许多对水质要求高的名贵水产如青鱼、鳜鱼和鳗鲡等相继绝迹。而20世纪50年代北京地区没有人工养殖鱼类，鳗鲡是居民餐桌上的名贵淡水鱼。

到20世纪80年代，1983年后出现5年干淀，淀里只有少量的坑塘养鱼，且品

种单一。1988年淀区重新蓄水,据1989年调查,有鱼类18种,计有鲤鱼、鲫鱼、草鱼、黑鱼、青鱼、中华鳑鲏、鲢鱼、泥鳅和黄鳝等。

鲤鱼　　　　鲫鱼　　　　草鱼　　　　青鱼

鳗鲡,俗称白鳝、青鳝。因对水质要求高,现已在白洋淀绝迹

**(4) 两栖类与爬行类动物**

白洋淀主要有蟾蜍、青蛙(黑斑蛙)和金线蛙等两栖类动物,细点锦蛇、鳖和无蹼壁虎等爬行类动物。

# 第三篇

# 我与白洋淀相识68年从事生态修复8年

"白洋淀是湖泊还是湿地"的科学争论
在北京主持召开首届中国国际湿地高层论坛
白洋淀专项规划
为白洋淀生态修复规划藻苲淀生态湿地恢复工程做可行性研究报告
《湿地公约》缔约方大会的国际斗争
我的湿地白洋淀生态修复专著
组织16位全国政协委员联名提交提案建立湿地生态修复全国重点实验室
我在白洋淀接受央视《鲁健访谈》专访
《北京日报》整版报道《吴季松：守护"地球之肾"》
海河"23·7"流域性特大洪水后沿习近平总书记视察全线科研调查

我与白洋淀是有渊源的,而且是 68 年的渊源,应该比正式参加白洋淀修复工作的任何一个人都长。1957 年北京高收入的人也不知道"旅游"一词,除了国家组织去北戴河休假外,自费能去的就是白洋淀,在当年北京人的心目中白洋淀是休闲胜地。

我和白洋淀还结下了不解之缘,60 年后我作为"雄安新区规划评议专家组"成员主持了白洋淀生态修复的规划。现在我已年过 80,真是如当年在保定和白洋淀战斗过的聂荣臻和吕正操等老帅和老将们所说:"岁月不居,人生苦短。"一定要继承遗志,让白洋淀恢复到当年的"原生态"。

1957 年我随大表哥、开国少将高存信(1915—1996)第一次去抗日旧地白洋淀。1931 年"九一八"事变以后,他的父亲东北抗日救亡总会会长高崇民就一直受日本特务和国民党特务的监视,东奔西走,东躲西藏。年仅 16 岁的他也是被监视的对象,他就在这种环境下成人。1933 年离家考入黄埔军校,1936 年于黄埔军校炮科毕业后去东北军任排长。后由周恩来同志介绍去延安。

高存信少将(1957 年)

大表哥80年前抗日就战斗在白洋淀,那时他是冀中军区司令部作战科科长。当时,八路军冀中军区司令吕正操(1904—2009)将军正领导保定地区抗战。1941年,吕正操将军在白洋淀视察了雁翎队,接见队长郑少臣,夸赞说:"你们干得好,打游击就该是这么个打法。"抗日战争时期的白洋淀水域辽阔,淀区不仅荷红柳绿,鱼肥稻香,物产丰富,风光迷人,还是交通要道,上通保定,下达天津,为重要枢纽;因此军事上也占有重要的位置。

吕正操将军的革命伴侣刘沙是白洋淀安新人

当时淀区面积达366平方千米,大淀小淀相连,淀内三分陆地,七分水面,亦陆亦水,陆水交融,水产物产丰富,渔村蟹舍遍布,是河北的相对富裕地区。同时港汊交错,芦苇遍布,便于著名的雁翎队昼伏夜出、声东击西、出其不意,消灭日寇,是除山地外,抗日战争中开展游击战的最好战场。

雁翎队水上转移

我第一次"故地重游"到白洋淀已是20世纪50年代,与40年代比,白洋淀的生态变化不大。

当时正值盛夏,莲菱芦苇随风摇曳,荷花香蒲满淀盛开,使人暑意顿消;秋季,鱼跳出水面,蟹钻入沙滩,候鸟遍布淀中。当年野生菱成百万斤向北京输运,是北京人民仅有的三种冬菜之一(另外两种是大白菜和萝卜,当年没有大棚的反季节菜)。由于交通不便,当年北京几乎吃不到海鱼,更没有鱼虾养殖业;白洋淀原生动物中对水质要求最高的鳗鱼,就是北京人餐桌上的最高档食材。

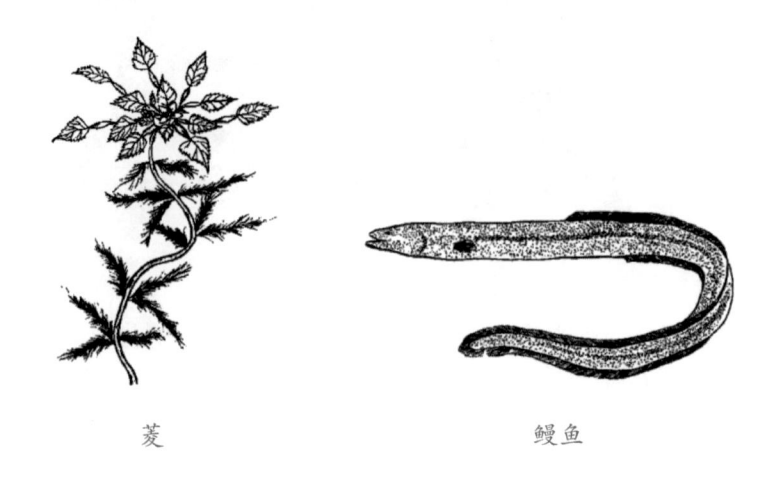

菱　　　　　　　　鳗鱼

当年人们的条件刚够温饱,还没有旅游和度假的说法,只有高工资的人才能离京就近游游白洋淀,来往车票几元钱可以买几斤肉,已是"奢侈"。盛夏在白洋淀住上两天对较高工资的人来说也是可望而不可即的"梦"了。

到20世纪80年代末我再次考察白洋淀时,此番旧景就已不存在了。淀面本应有300平方千米,但因干涸被沟汊切割成了143个淀,平均水深只有3米。芦苇低矮,淀边森林因日本兵围剿雁翎队和"大跃进"炼钢铁,砍伐得已剩不多。白洋淀原生动植物中对水质要求最高的植物野生菱已难寻觅,鳗鱼也几乎绝迹。1982年开始经历了近6年的干淀,几乎摧毁了白洋淀原生态系统。1988年大雨使白洋淀有了恢复,基本上就是雄安新区建立前仅余的100多平方千米,水深2～3米,水质Ⅳ～Ⅴ类。

高存信将军听到这个变化说:"抗战时的民俗是女孩不下水,但当时的女孩个个好水性,给雁翎队做支援工作。"而今天的白洋淀已禁止游泳。他还说:"现在淀中的芦苇只有不到3米高,若是当年日本鬼子站在汽艇的二层巡视,则一览无余,雁翎队是无法在芦苇中藏身的。"

第一章

# 一、"白洋淀是湖泊还是湿地"的科学争论

北京通州副中心和雄安新区是首都的两翼,各有其功能,功能实现首都才能展翅高飞,开启新征程。雄安新区的生态基础是白洋淀,白洋淀是湖泊还是湿地对其生态修复和雄安新区的科学建设这一"国家大事"有极其重要的意义。

我在2016年8月受京津冀协同发展专家咨询委员会邀请参加雄安新区规划评议专家组会议,事前再次考察白洋淀。

2017年吴季松(左三)在白洋淀考察,右二为河北省水利厅张宝全副厅长

前后5次会议上,我独力坚持"白洋淀是湿地"的科学认识。2017年3月7日我以瑞典皇家工程科学院外籍院士身份成为党中央和国务院批准设立的"雄安新区规划评议专家组"成员。在我连续3次提出"白洋淀是湿地"的论断后,专家组内其他两位涉水专家仍坚持白洋淀是湖泊。在修复规划只做小修的情况下,本着对中央负责的态度,我撰写了报告,向中央阐述了作为评议组专家成员的这份意见。这份报告得到了中央领导的批示:"……以适当方式听取吴季松等专家的意见和建议。"在第5次会议上,时任河北省委书记王东峰拍板:"按吴院士的意思改过来。"

"雄安新区规划评议专家组"专家聘书

2018年4月20日,《中共中央 国务院关于对〈河北雄安新区规划纲要〉的批复》明确指出"将生态湿地融入城市空间……加强白洋淀生态环境治理和保护,同步加大上游地区环境综合整治力度,逐步恢复白洋淀'华北之肾'功能"。充分肯定白洋淀是湿地,结束了这一争论。

湿地与湖泊是不同的地理概念,在国内学界对白洋淀的讨论中有不同看法,中央领导和《人民日报》对"白洋淀是湿地"表示肯定并取得共识,对湿地的科学修复有重大意义。

在讨论过程中,以雄安新区规划评议专家组成员清华大学田莉教授为代表的不少专家在会下曾表达了对我"坚持湿地科学的知识与胆识"的敬佩,对"白洋淀是湿地"的科学论断给予了支持。

目前国内外湿地科学研究薄弱,不仅至今没有统一的定义,而且连世界最大湿地、中国最大湿地是什么地方都不清楚。我经多年研究创立的"中国湿地科学"认为湿地有三个主要特征:

① 地表多水,有季节性或常年性积水,淡水、半咸水或咸水,水位不高且年内、年际变幅较大。这就是"陆水交融"。

《人民日报》刊登《中共中央 国务院关于对〈河北雄安新区规划纲要〉的批复》

② 积水多导致底层土壤有明显潜育层或泥炭层,它是蓝绿交织的基础。

③ 湿地有特殊的动植物系统,因此"一定要修复好,保护好"。

这些结论以多学科的研究为根据。

① 地质学:湿地区别于湖泊的主要特征是底层的泥炭或潜育层,白洋淀以草本-木本黑色黏土潜育层为主,也有泥炭层,属该类湿地。

② 水文学:a. 湿地水深一般不超过3米,白洋淀的多年平均水深是2.92米; b. 与湖泊相比,湿地的特性就是"干干湿湿",年际水位变化较大,白洋淀具有这一

特征。

③ 生态学：白洋淀有鳜鱼和鳗鱼等特有鱼种，是鸨等特有水禽的栖息地和许多候鸟迁徙的中转站，芦苇、菱等沼生植物分布广，构成了特征明显的湿地生态系统。湿地有独特的动物河狸和麋鹿。

④ 生物化学：白洋淀有大面积的芦苇、荷花，有强大的生化作用和净化水质功能，且依这些沼生植物的茂密程度，净水效果随季节变化，这是湿地的特征。

"白洋淀是湖泊还是湿地"不是一词之争，这一争论是有实际意义的，其实际意义在于：

① 湿地有其独特的生态系统，认识了才能按"湿地贵在原生态"理念修复。

② 湿地的修复与湖泊不同，不能按土石方工程挖底泥，这样会破坏湿地生态系统的生物床——潜育层，毁了湿地。要用高技术数字湿地指导机器人"精准清淤"，才能"减少人类活动的干扰破坏，守住湿地生态安全边界，为子孙后代留下大美湿地"。

③ 湿地就是"地球之肾"，应利用其生态功能，将其作为污水处理厂的初级利用，可以节约曝气池的大片土地；减少其二氧化碳排放；还能节约相应的建设资金。这在我国还没有普遍应用起来。

④ 白洋淀湿地就是自然的蓄滞洪区，这是国际共识，负责湿地修复的主管单位必须予以规划建设，对分洪减灾负起实际责任。

⑤ 由于湿地有分洪作用，白洋淀湿地堤防标准可以适当降低，节约资金。

⑥ 湿地是可以住人的，在按生态标准控制人数的情况下，应减少湿地修复的移民数量，改变湿地的产业结构，在湿地发展旅游业，湿地居民由养殖户变成旅游户，不但可以大大减少其对白洋淀排放的污染，而且可以大幅提高收入，让当地居民有获得感。

"淀湖"之争的实际意义重大，应深刻认识，必须修改按"湖泊修复"做的规划，充分发挥湿地的生态功能，才能真正做到人与自然和谐，实现人与自然和谐共生。

同时，湿地是否有分洪的功能以及建立蓄滞洪区的必要，也是有国际定论的，不仅是湿地生态修复者不可推卸的责任，也关乎所有参与湿地修复的真正的专家的声誉，这是公众不太了解的，应该在这里重点强调。

第二章

# 二、在北京主持召开首届中国国际湿地高层论坛

根据中央领导的指示精神,2018年3月18日至19日,北京航空航天大学中国循环经济研究中心、河海大学河长制研究与培训中心在北京组织召开中国国际湿地高层论坛。

论坛由我主持,来自北京林业大学、北京大学、清华大学、中科院南京地理与湖泊研究所、中国地质大学(北京)、河海大学、河北大学等单位的26位专家出席。中国工程院尹伟伦院士、中国科学院倪晋仁院士、联合国教科文组织科技部门原负责人韩群力教授、清华大学田莉教授等17位湿地、湖泊、生态、环境、地理、地质、水文和水资源等领域的著名学者、专家作大会发言,重点围绕落实中央关于"新区开发建设要以保护和修复白洋淀生态功能为前提"的要求,对白洋淀生态修复中"湿地的科学属性、湿地的特征、湿地与湖泊修复措施的区别"进行了跨部门、跨学科的深入研讨,提出了相关的科学论据、真实数据、可靠依据与参考资料。择主要发言如下:

**我的主旨发言:**

作为主持人,先抛砖引玉。自20世纪80年代末,从代表中国参加签署《湿地公约》,到指导修复扎龙湿地、黄河三角洲湿地等以及考察国内外主要湿地类型,我有26年湿地研究工作的经历。加入《湿地公约》后,我国成立了国际湿地公约履约办公室,但国际公约定义对湿地的中文翻译存在问题。目前我国列入国际重要湿地名录的57处,我考察过22处,对六大洲的主要湿地类型基本都做了考察。"湿地"是外来语,公众和非专业官员在湿地与湖泊上有误解是十分自然的,但中央领导确

切地指出白洋淀是"生态湿地"。第一，湿地和湖泊的科学属性问题。从地质学特征、水文学特征、生态学特征、生物化学特征等四个方面可以提出湿地判据。第二，湖泊分九大类，白洋淀很难归属在任何一类。白洋淀作为湿地也具有特殊性。第三，湖泊与湿地的治理有什么区别。鉴于湿地和湖泊的科学属性不同，其生态修复治理措施差异也是很大的。

**北京林业大学原校长、中国工程院院士尹伟伦发言：**

第一，吴季松院士的报告对湿地的概念和评判，代表了国际和国内学术界对湿地概念的一个最终的评价标准。对这个概念的准确把握，是我们保护湿地、恢复湿地的重要依据。第二，湿地的功能很多，但湿地功能中独到的、其他系统所不具备的功能，是认识湿地功能的本质。湿地的独到功能就是"干干湿湿"。只干不湿，是旱地功能；只湿不干，是湖海河的功能。湿地之所以成为碳汇地，主要就是因为湿地的泥炭层。泥炭层上有水才是湿地。"干干湿湿"为泥炭层的形成创造了条件。湖泊因丰枯年的水位变化形成的水陆过渡带也是湿地。第三，湿地干湿交替带来的是微生物菌群的变化，从干季的好氧菌群到湿季的厌氧菌群。再加上湿地生物多样性特征，使物质分解更加完善全面，有利于解决面源污染问题。这也是湿地比较特有的功能，干湿交替过渡，与湖泊有严格的区别。

*尹伟伦院士发言*

**全国政协常委、北京大学环境科学与工程学院副院长、中国科学院院士倪晋仁发言：**

感谢吴季松院士邀请我来参加这次有重要意义的学术论坛。湿地系统研究比较复杂。有湿没地、有地不湿都不是湿地,简单理解,湿地就是有水的陆地。从科学角度而言,湿地是一个内部过程。另外,湿地也很复杂:表面上看分布广泛,种类繁多,差别大。

倪晋仁院士发言

**联合国教科文组织科技部门原负责人、灾害风险综合研究计划执行主任韩群力教授发言:**

感谢吴季松院士组织这次湿地国际高层论坛,在国际湿地界是一次重要的论坛。吴院士在联合国教科文组织科技部门做顾问时,曾分管《湿地公约》秘书处,今天各位专家谈了一些观点,我觉得收获很大。教科文组织在湿地方面也做过一些工

韩群力教授发言

作,我个人接触过的有缅甸茵莱湖湖盆地区的湿地。他们面临的生态挑战也与白洋淀有几分相似,也是流域方面土地利用、非点源污染、旅游开发等问题。我们做的工作主要是陆海交错地区的案例。

**雄安新区规划评议专家组成员、清华大学建筑学院城市规划系副主任田莉教授发言：**

近年来城市规划越来越重视如何达到开发、建设与保护的平衡。作为雄安未来之城,就是新城建设和城市依托白洋淀保护的平衡。

吴季松院士多次提出的湿地与湖泊的定义和区别非常重要。新城建设与湿地生态体系保护的关系需要协调,两个规划各编各的有很大问题。按照白洋淀的湿地生态系统属性,淀在城中、城在淀中。因此,新城建设规划和白洋淀修复规划,不见面是不行的。两个规划应遵照系统思维的精神,相互协调,统一制定。

田莉教授发言

**中国生态学会湿地专业委员会委员、国家湿地公园评审专家、河北大学生命科学学院刘存歧教授发言：**

首先,非常赞同三位院士对于吴院士提出的湿地概念的阐述,因为国际公约里的概念是以水禽的栖息地来定义的,这个概念非常大、非常广,几乎涵盖了除深海之外所有水域,没有突出湿地的特点。实际上,湿地的科学属性就是干干湿湿的水文条件、潜育层以及湿生或水生植物。满足这三个条件,才是真正的湿地。

《白洋淀申请湿地国家公园及国际湿地城市条件研究》
《雄安新区(白洋淀)国际湿地博物馆展陈规划》

第三章

# 三、白洋淀专项规划

## （一）《白洋淀申请湿地国家公园及国际湿地城市条件研究》

2018年时任河北省委书记王东峰亲自交给我一项重要任务——《白洋淀申请湿地国家公园及国际湿地城市条件研究》。2019年9月完成后得到王东峰书记高度评价。

白洋淀湿地自然保护区

2019年8月19日,习近平总书记在致第一届国家公园论坛的贺信中指出,实行国家公园体制是中国推进自然生态保护、建设美丽中国、促进人与自然和谐共生的一项重要举措。白洋淀是未来之城雄安的依托,建立国家公园是十分必要的。

白洋淀湿地是华北平原最大的淡水湿地,从地形上看亦陆亦水,从地貌上看沟汊达3 600多条,是温带湿地公园的特殊类型,在湿地国家公园中有特殊重要的意义。

白洋淀湿地公园建设建议分两期,一期2020—2025年完成,争取2025年评为国际健康湿地;二期2025—2035年完成,白洋淀基本实现次原生态修复。

内部文件
请勿外传
(知识产权)

白洋淀申请湿地国家公园
及国际湿地城市条件研究(一期)

委托单位:中国雄安集团生态建设投资有限公司
项目主持人:吴季松院士(北京循环经济促进会会长)

2019年9月

《白洋淀申请湿地国家公园及国际湿地城市条件研究(一期)》报告封面

## (二)《雄安新区(白洋淀)国际湿地博物馆展陈规划》

2020年1月我主持完成的《雄安新区(白洋淀)国际湿地博物馆展陈规划》,得到时任雄安新区管委会主任陈刚的高度评价。

陈刚主任批示:"请金昌同志按新区党工委会精神抓好工作站工作的落实,请首清同志提报研究并推动'国际湿地博物馆'设定的前期谋划工作。"

2019年在淀边考察,为国际湿地博物馆选址(吴季松摄)

### 1. 概况

雄安新区(白洋淀)国际湿地博物馆总建筑面积约20 000平方米,展陈面积约8 000平方米。选址紧邻白洋淀,配合室外景观室内设置营造良好视觉效果。利用湿地陆水交融的自然风貌建设有特色的道路、码头、停车场等。

展厅总体以展板、实物模型、多媒体综合系统展示为主。将湿地科学、世界湿地概论、雄安人文历史、湿地对人类生存与生活影响四个概念贯穿整个展览。

合理利用碧波万顷、荷塘苇海的水域生态系统，自然融入中华风范、创新风尚的城市风貌。

选址建议：

① 景在馆中，馆在景中。

② 馆于陆路接驳且距离湿地最近。

③ 见天见水，不见建筑（主体建筑2~4组消隐在生态白洋淀中）。

荷兰的Biesbosch博物馆岛，将馆与景融为一体

## 2. 功能定位

国际湿地博物馆功能定位与雄安新区世界未来城市的建设目标密切结合，其建设目标是成为雄安新区标志性建筑，不建水泥大厦、玻璃幕墙，其定位是成为世界一流的国家级专题博物馆，同时是湿地主题科普教育中心、湿地科学研究中心和湿地保护国际交流合作中心。

其主要特点和功能是：世界上有数以千计的湿地博物馆，但只展自身，不涉及他国，只讲湿地现状，不宣传湿地科学。这个博物馆要以湿地科学创新为特色，力求成为国际唯一的这一主题的湿地博物馆。

① 宣传习近平总书记"人类命运共同体"的基础是"地球生命共同体"的生态文明思想，强化"绿水青山就是金山银山"的绿色发展观和"人与自然和谐共生"的科学自然观。

② 以"中国湿地科学"为指导，向社会大众，特别是青少年普及和传播湿地科学知识，了解地球湿地的全貌，增强对"地球之肾"保护的认识，引导各级领导保护湿地资源，修复生态湿地，不能搞"湿地热"，要科学建设人工湿地。

③ 不但介绍白洋淀，同时还介绍世界主要类型和著名的湿地。

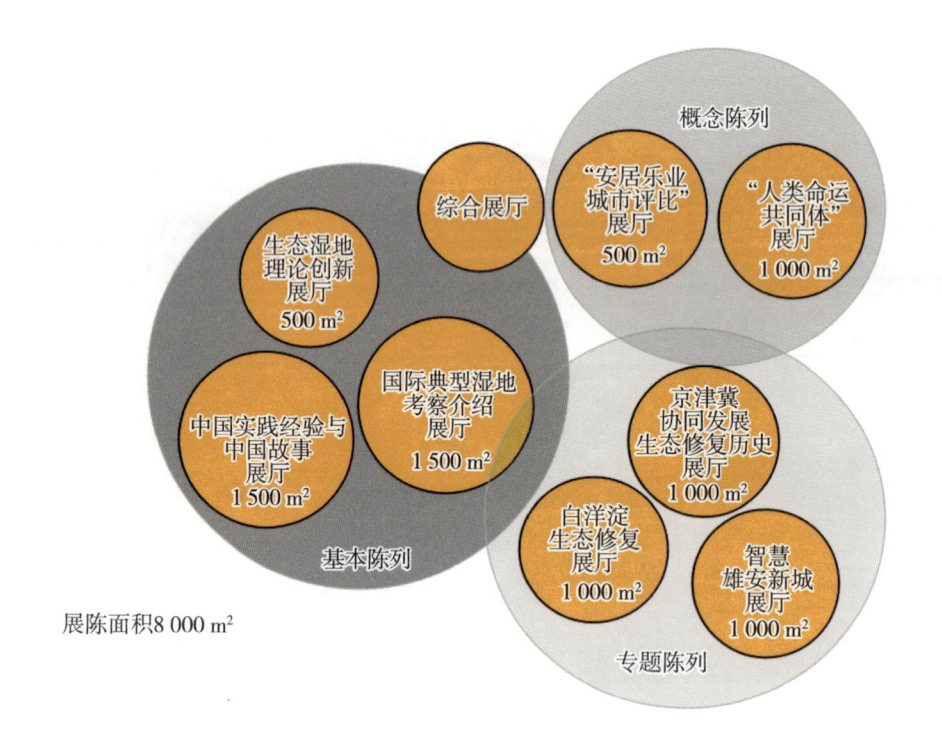

博物馆空间功能规划

**国际湿地博物馆展厅规划一览表**

| 序号 | 展厅名称 |
|---|---|
| 1 | 综合展厅 |
| 2 | 生态湿地理论创新展厅 |
| 3 | 中国实践经验与中国故事展厅 |
| 4 | 国际典型湿地考察介绍展厅 |
| 5 | 京津冀协同发展生态修复历史展厅 |
| 6 | 白洋淀生态修复展厅 |
| 7 | 智慧雄安新城展厅 |
| 8 | "人类命运共同体"展厅 |
| 9 | "安居乐业城市评比"展厅 |

藻苲淀退耕还淀生态湿地恢复工程的意义
工程研究范围
实地调查问题

夢の章

# 四、为白洋淀生态修复规划藻苲淀生态湿地恢复工程做可行性研究报告

我们在雄安做的最重要的工作是以《藻苲淀退耕还淀生态湿地恢复工程(一期)可行性研究报告》开启了白洋淀的生态修复。

## (一) 藻苲淀退耕还淀生态湿地恢复工程的意义

建设雄安新区是"千年大计,国家大事",治水是雄安新区建设的基础和关键。治了水才能建城,才能定人、定产,"一张蓝图干到底",而治水的核心是修复白洋淀。《中共中央 国务院关于对〈河北雄安新区规划纲要〉的批复》明确指出,"逐步恢复白洋淀'华北之肾'功能"。鉴于白洋淀多年污染积累、"肾功能"不全的情况,藻苲淀工程开工是我国取得抗击新冠疫情重大成效后,"复工复产"的一个创新性投资项目,将成为白洋淀全面生态修复的范例。修复白洋淀以藻苲淀(部分)为"中试"是科学的,它具备三个条件:

① 藻苲淀是白洋淀的"西大门",是白洋淀补水的入口。要先治藻苲淀,再向白洋淀补水、换水。

② 藻苲淀是白洋淀原生态破坏最大、水污染最严重和生态功能下降最多的区域之一,其治理的经验有典型示范意义。

③ 白洋淀有3 600多条沟汊,在国际湿地中少见,是治理的难点。藻苲淀沟汊较少,具备为先行治理积累经验的有利条件。

2019年为做《藻苲淀退耕还淀生态湿地恢复工程(一期)可行性研究报告》考察小码头(吴季松摄)

治理前的藻苲淀(吴季松摄)

生态修复工程实施后的藻苲淀(陈龙摄)

④ 本可行性研究是在借鉴我主持规划指导实施的第一批国家湿地修复的成功案例经验,参照106国生态系统和城市化考察中调查的国际成功案例的基础上做出的。所以中标单位应严格按此可行性研究制定工程方案并施工;院士工作站将自始至终指导,对项目施工跟踪检查,为白洋淀生态恢复的国家大事开个好头。

## (二) 工程研究范围

藻苲淀位于安新镇、三台镇、寨里乡、安州镇之间。藻苲淀属于白洋淀的入淀口水域,如图所示,该区域东西长约11千米,南北平均宽约7千米,水域面积约36平方千米。

藻苲淀退耕还淀生态湿地恢复工程(一期)包括:府河河口湿地东部,瀑河入淀口附近区域,设计面积约6.5平方千米。

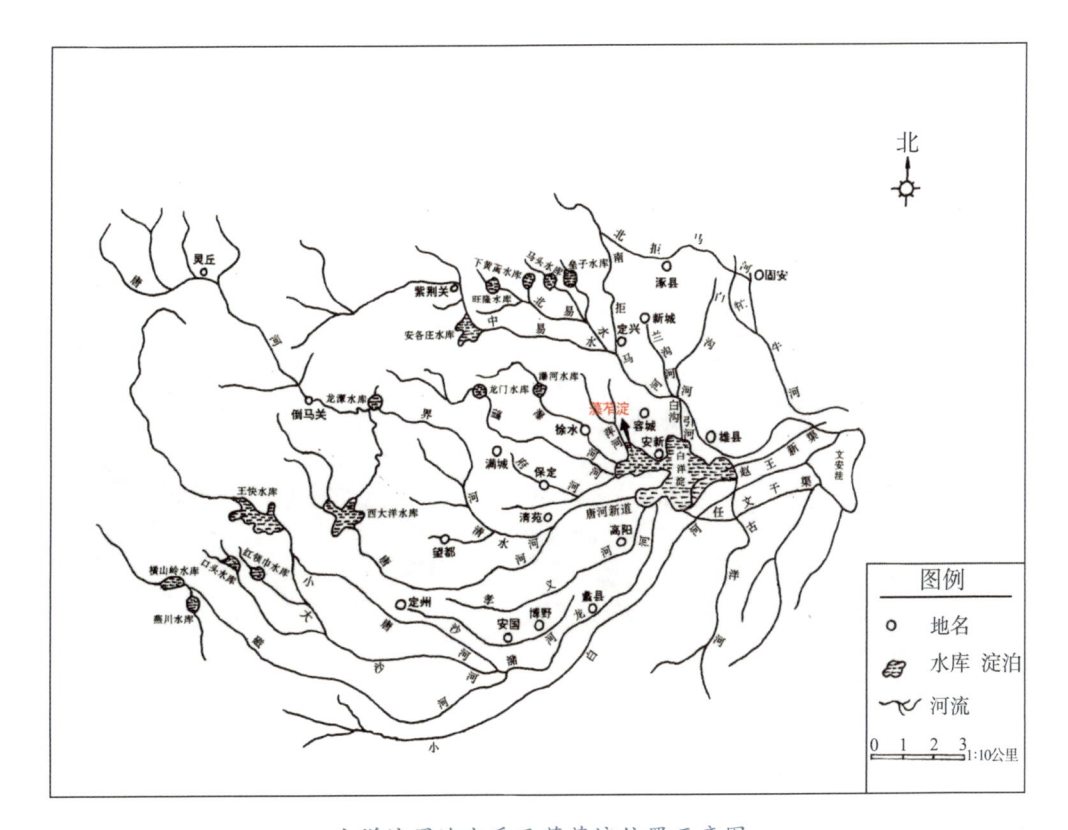

白洋淀周边水系及藻苲淀位置示意图

## （三）实地调查问题

项目组深入实地调查，广泛收集资料，多次与雄安新区相关各部门及技术专家研讨。

藻苲淀作为白洋淀的西大门、入水口和重要组成部分，生态退化严重。

① 上游沿岸污染排放量大、藻苲淀区围垦造田严重，生态系统退化严重。

② 淀中大面积湿地被农民围垦耕种、养殖、种植，用水效率低、养殖管理粗放，形成巨大内源污染，造成水质污染严重、生物多样性减少、生物量减少。因此，该项目具有白洋淀生态修复的典型意义。

## （1）2020年及时组织小组检查工程状况

2020年入小村检查藻苲淀退耕还淀生态湿地恢复工程（一期）实施情况

**藻苲淀退耕还淀生态湿地恢复工程（一期）施工现场检查情况**

| 施工单位 | 中电建生态环境集团有限公司 |
|---|---|
| 检查组成员 | 组　长：吴季松　中国雄安集团公司院士工作站主任，院士<br>副组长：杨朝飞　原环保部党组成员、总工程师，教授<br>　　　　仲　刚　辽宁省水利厅原厅长，正厅级<br>成　员：张希武　国家林草局保护司原司长、北师大国家公园研究院副院长<br>　　　　杨中春　北京循环经济促进会副会长、北京市人大代表<br>　　　　孙爱权　南京水利科学研究院水环境事业部总经理<br>（以上等18人参加了现场检查工作） |
| 检查目的 | 为保证藻苲淀退耕还淀生态湿地恢复工程质量、进度，院士工作站决定对该项目实施情况进行监督检查。<br>1. 可行性研究报告已上呈，并是申请银行贷款等重大问题的法规性依据，应及时发现问题，纠正偏差，评估进度。<br>2. 重点在藻苲淀生态恢复实施过程及其效果。<br>3. 展开有针对性的技术监督指导。 |

第三篇　我与白洋淀相识68年　从事生态修复8年

/ 171

续表

| 检查过程 | 2020年11月21—22日，院士工作站组织有关专家，根据可行性研究报告和标书对藻苲淀退耕还淀生态湿地恢复工程一期现场进行了检查，听取了设计单位、施工单位的汇报，并就设计方案、施工组织、施工技术方案等方面交流了意见。由于受降雨影响，施工现场较为泥泞，有些项目较难进行。 |
|---|---|

施工前

施工中

| | 续表 |
|---|---|
| 检查中发现存在的问题 | 1. 项目分期治理目标不明确，无法准确衡量项目完成程度。<br>2. 无现代施工测量控制网格划分，缺少精准清淤方案和技术，深泓区开挖方案和技术不完善，已施工部分对浅育层和生物床的影响尚待评估。<br>3. 对于丰平枯水年份入淀水量和生态调水量尚未进行详细的分析及计算，未形成调度方案，影响生态修复可持续性和可靠性。<br>4. 智慧湿地系统设计方案不完善，监测点位布设不合理，难以实现对项目实施效果和运行维护的有效监控。<br>5. 尚未根据财政要求进行退耕农户的转产就业、移出就业、居民和企业满意度的调查。 |
| 二期工作的要求和建议 | 1. 切实执行习近平总书记所说的"湿地贵在原生态"。必须限期采用精准清淤技术，保证不破坏生物床和潜育层，继续接受院士工作站的常驻机构的检查，深入领会。<br>2. 现在就要对项目进行原生态动植物生态系统恢复，在明年6月底完工之前取得可实施性工程成果。<br>3. 必须精准计算丰平枯水年注入或引入水量，不能影响南水北调的国家计划、京津冀的用水平衡和当地农民的切身利益。 |

**（2）2023年组织检查团队二期工程验收**

2020年12月我们组织了高标准专家检查团验收，明确指出一期工程未做蓄滞洪区，二期工程应保证白洋淀蓄洪能力。

**藻苲淀退耕还淀生态湿地恢复工程（二期）专家检查团**

| | |
|---|---|
| 检查团成员 | 组　长：吴季松　中国雄安集团公司院士工作站主任，院士<br>副组长：张景安　科技部原党组成员、秘书长（书面意见）<br>　　　　杨朝飞　原环保部党组成员、总工程师，教授<br>　　　　梁留科　全国人大代表，民建河南省委会主委，教授<br>　　　　刘晔华　中共中央组织部干部调配局原局长，研究员<br>成　员：杨中春　北京循环经济促进会长、北京市人大代表<br>　　　　陈梅湘　戴思乐科技集团董事长，高工（书面意见）<br>　　　　肖桂珍　河北省自然资源厅原总工，教授级高工<br>　　　　储小彬　中建八局副总经理，高级会计师<br>（以上等21人参加了现场检查工作） |

2023年8月，我组织了由中共中央和国务院批准成立的"雄安新区规划评议专家组"、湿地生态修复全国重点实验室筹委会、中国雄安集团公司院士工作站组成的专家检查团，对藻苲淀退耕还淀生态湿地恢复工程（二期）进行检查。

2023年8月率检查团实地检查藻苲淀退耕还淀生态湿地恢复工程（二期）

施工单位"藻苲淀退耕还淀生态湿地恢复工程二期"工作汇报

检查中发现,中标公司将"中国雄安集团吴季松院士工作站"列为唯一指导单位,但与院士工作站并未做任何联系,也未接受指导。

2023年8月吴季松乘船对藻苲淀退耕还淀生态湿地恢复工程(二期)进行实地检查

二期工程可行性研究报告的施工规划存在如下问题:

① 一期工程的可行性研究和检查报告都强调了湿地作为蓄滞洪区的防洪功能,而专业公司未向二期工程施工单位传达。目前白洋淀湿地生态修复规划及工程中未包含建立蓄滞洪区分洪蓄洪的内容,直接造成了藻苲淀边缘距雄安新区核心地带仅2千米的安州镇的淀边村积水泛滥。应尽快进行白洋淀全面分洪蓄洪能力的研究,可供中央和河北的抗洪决策参考,大大减少京津冀地区人民生命和财产的损失。

② 专业公司没有对二期工程施工单位要求"精准清淤"的具体方案,清淤过程中造成了对生态本底潜育层某些地域不同程度的破坏。

③ 院士工作站在一期工程检查时已提出以食物链为基础确定的应恢复的原生态动植物,专业公司未执行,引进了非原生态物种,已经造成损失,还可能造成后患,我们还将继续跟踪检查,共同终身追责。

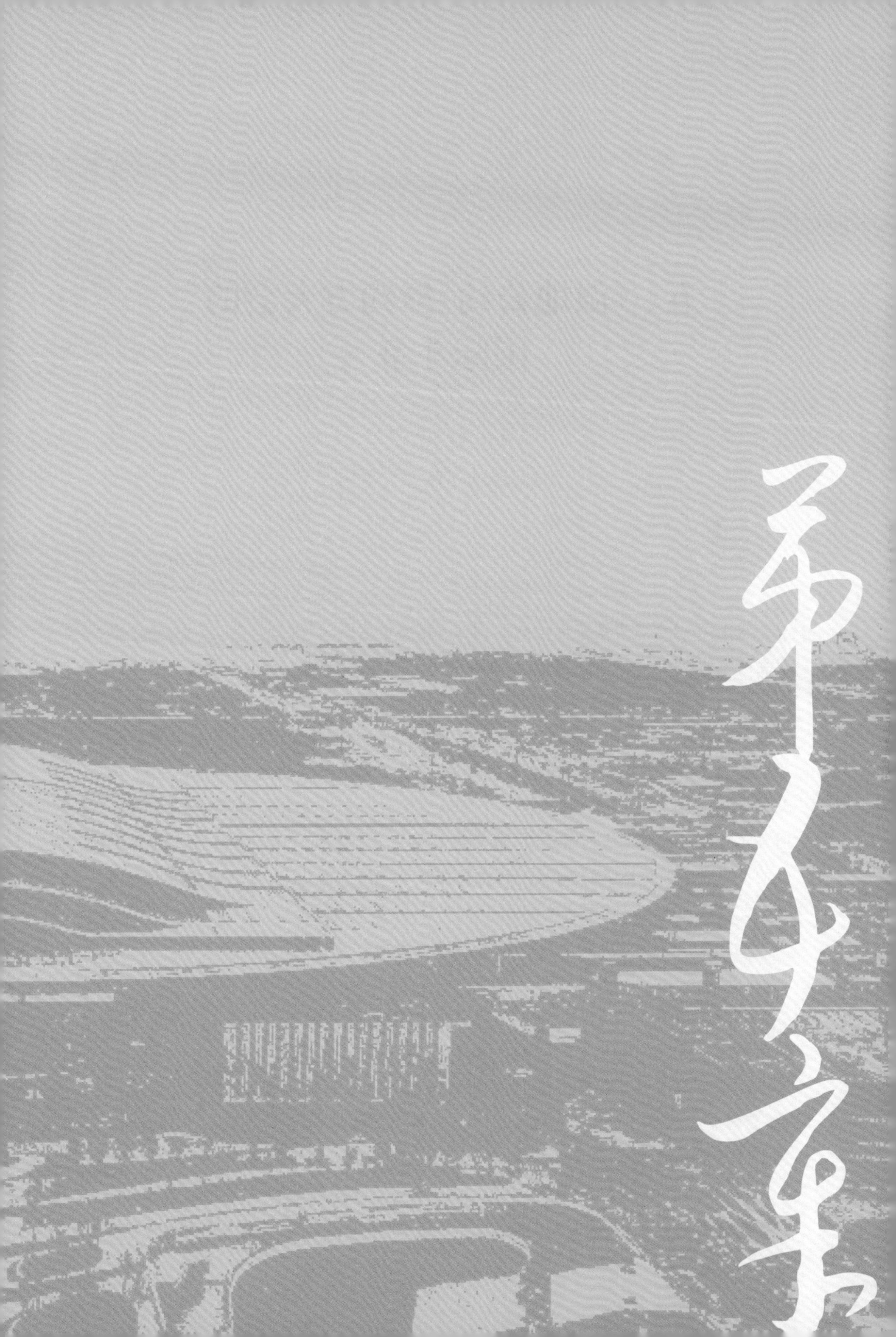

# 五、《湿地公约》缔约方大会的国际斗争

我于1992年代表国家主持撰写、审订、提交中国参加《湿地公约》报告，经批准后主持签约，此后一直关注湿地。《湿地公约》第十四届缔约方大会于2022年11月5日至13日举行，在湖北武汉设线上线下主会场，在瑞士日内瓦设分会场，是我国首次承办的《湿地公约》缔约方大会。我在缔约方大会前敏锐地察觉到被美国操纵的《湿地公约》秘书处一系列不合规的做法，并做了坚决有效的反击。会前2022年3月我在《作家文摘》发表了《让世界重新认识武汉》，指出武汉有国际一流的湿地，明确了中国对"湿地"的创新定义，最后在日内瓦大会上代表国家作了两次有针对性的关于我国湿地科学创新的讲演，得到135个缔约方的认同，避免某些西方大国利用此次大会操纵对我国的攻击。

此次在《湿地公约》第十四届缔约方大会上的行动，被中国雄安集团评价为："为国争光。"

2022年3月11日《作家文摘》刊出我的文章《让世界重新认识武汉》，阐明中国湿地科学并获"优秀奖"。

2022年9月6日我又及时在《环球时报》第14版刊登文章《武汉国际湿地大会，警惕有人抹黑中方》，揭穿境外反华势力借大会抹黑中国的图谋。《环球时报》属人民日报社，日发行量200万份，有英文版。

在武汉召开的《湿地公约》第十四届缔约方大会上，135个缔约方的代表齐聚日内瓦分会场，我作为中方唯一发言人在日内瓦分会场作两个讲演，不但讲清中国湿地科学的

2022年3月11日《作家文摘》第11版刊登吴季松文章《让世界重新认识武汉》

国际领先地位,得到大会的认同,而且使敌对势力抹黑中国的企图未能得逞。

① 2022年11月8日,《湿地公约》第十四届缔约方大会第四天,与中国生物多样性保护与绿色发展基金会(由时任全国政协副主席吕正操和钱昌照等领导创办,吕正操、胡昭广、胡德平同志先后任理事长)合作,在以"通过邻里生物多样性保护恢复湿地并促进可持续生计"为主题的会议上,我担任荣誉主席,温州大学校长、俄罗斯工程院外籍院士赵敏教授和时任中国洛阳师范学院校长梁留科教授担任荣誉副主席,使我国在日内瓦会议上占了应有地位。

② 2022年11月12日,中国生物多样性保护与绿色发展基金会携手国际工程技术协会(IETI)等机构在瑞士日内瓦国际会议中心(CICG)成功举办了《湿地公约》第十四届缔约方大会的边会"近海湿地和海岸线的生态系统保护:海草床及其所支持的生态系统"。此次会议还得到了《湿地公约》秘书处、《生物多样性公约》秘书处、《保护野生动物迁徙物种公约》秘书处的支持,三大公约秘书长均派代表参加。

## 武汉国际湿地大会，警惕有人抹黑中方

吴季松

《环球时报》近日刊登社评《应对气候变化，希望美国动机纯粹一些》，笔者读后深有同感。从生态修复湿地的双碳工作实际出发，笔者认为问题还不只是某些国家"动机不纯粹"，而是要警惕像湄公河问题那样，一些人利用在我国召开国际大会的时机，制造"证据链"实现攻击中方的图谋。在今年11月将于武汉召开的第十四届《国际湿地公约》缔约方大会上，由美国操纵的国际组织或某些不友好的国家很可能采取这种举动。

为什么笔者得出这一判断呢？原因在于大会准备过程中，已经出现个别组织违反科学、意欲攻击中方的迹象。

首先，湿地的确排放大量甲烷（CH4）。据国际研究数据，甲烷的温室效应贡献率达14%，仅次于二氧化碳。但对单位体积的贡献率尚未有真正的研究结论，以前国际组织的数据是相对二氧化碳一般仅为约25倍。自格拉斯哥气候变化大会我国与美国达成严格限制甲烷排放的协议后，这一数据在西方大国操纵下，在《国际湿地公约》秘书处（非联合国机构）等国际组织和研究机构公布的资料中与日俱增，近来已升高到100倍，但并无实验根据，埋下了对我方攻击的伏笔。

其次，《国际湿地公约》秘书处承认"全球湿地面积的准确性不断提高"，但总是向不利于我国的方向"提高"。仅举一例，其公布全球人工湿地——稻田（的确排放甲烷）面积为130万平方千米，按我国公布自己的稻田面积数据计算，中国占世界稻田面积41%之多。而根据世界银行数据库的数据计算，我国最多占25%。这也为某些机构攻击我国甲烷排放量埋下了伏笔。

第三，《国际湿地公约》秘书处不做认真的科学研究，数据均来自以美国陆军工程兵团（曾参加过朝鲜战争）为背景的"国际湿地科学家学会"。其所用"湿地"定义很片面，我们根据实地科学研究，提出了量化的较科学、全面的湿地定义及一系列创新理论，他们一无所知或装聋作哑。

第四，1991年至1994年笔者在联合国教科文组织科技部门任高级技术与环境顾问，主持了46国的852个案例调研，取统计平均值建立了一系列水文标准，包括人均水资源标准：区域内年人均水资源占有量大于3000立方米，为丰水城市；2000—3000立方米为轻度缺水，1000—2000为中度缺水，500—1000为重度缺水，小于500为极度缺水，低于300立方米则无法保障可持续发展。这些标准在美国国务院、法国、意大利和越南等国政府都已应用。

《国际湿地公约》秘书处负责人近年来前往我国一些地方，拉多个城市参加"国际湿地城市"认证。我们对我国13个"国际湿地城市"进行水文研究后发现，除常德1个丰水城市和梁平1个轻度缺水城市外，其他认证城市均缺水。甚至有4个城市人均水资源量低于300立方米，不足以保障可持续发展。在这种条件下还要求城市湿地面积占10%以上，盲目扩大湿地，显然会破坏当地水的供需平衡。某些国际组织一方面大肆宣传中国缺水，难以保证粮食安全，一方面不顾"湿地贵在原生态"的特征，不顾中国市管县的行政体制，大搞片面的"国际湿地城市"认证（美国、英国和澳大利亚等国均未参加）。

以上反映出的，是某些国际组织想压别国制定不合理的限制甲烷排放目标，制造证据链污蔑中国暂停与美国的气候变化商谈是"惩罚全世界"。原联合国教科文组织科技部门负责人致信笔者："美国以甲烷作为抓手，有真实减排的目的，也有通过在这方面占据谈判制高点，放大甲烷排放在整个温室气体排放中作用的意图，以体现所谓美国领导力。当然，也应当有对中方这样的农业牧业大国形成制约的意图。"

湿地是森林、海洋外的地球第三大生态系统，我国主管部门在给笔者组织的15位全国政协委员联名提案《建立湿地生态修复国家重点实验室，加强湿地生态基础研究》的答复中肯定"湿地基础科学研究薄弱"。雄安新区建设依托白洋淀湿地，"一带一路"建设中有许多湿地工程，我国稻田要保证粮食安全，这都是国家大事，必须得到正名。

一是，如2022年昆明国际生物多样性大会列入的重要议程"中国院士的主旨讲话"，必须在11月的武汉大会上作出同样安排（《国际湿地公约》秘书处原未予安排）。笔者认为，应以国家利益为重，各部门齐心协力列入中国院士在大会上的主旨讲话，由中国湿地科学引导大会，"把科技的命脉牢牢掌握在自己手中"，而且以实验数据（清华大学化学系（院）已做）预先应对西方大国的图谋。

二是，宣传我国在生态修复上的巨大成绩，讲好中国故事。2001年笔者曾主持制定和指导实施《21世纪初期首都水资源可持续利用规划(2001—2005)》、《黑河流域治理规划》、《塔里木河流域近期综合治理规划》和新《黄河水量调度方案》四个国务院总理办公会批准的首批国家级生态修复规划，至今效果显著。同时应阐明我方在中国和印度已做出的甲烷俘获和利用的成功实绩，防患于未然。

《国际湿地公约》秘书处现任负责人将于10月离任。我们真诚希望与新任的秘书处负责人、来自非洲的穆松达·蒙巴博士，共同在英雄城市开始全球湿地生态修复的新征程。▲
**（作者是湿地生态修复全国重点实验室筹委会主任、中国雄安集团院士工作站主任、瑞典皇家工程科学院外籍院士）**

2022年9月6日《环球时报》第14版刊登
吴季松文章《武汉国际湿地大会，警惕有人抹黑中方》

吴季松作《以白洋淀研究为基础创新湿地科学》讲演

我在会上作了题为《粤港澳大湾区广州南沙湿地二期建设规划》的主旨报告。在国际上首次提出经多年创新研究得出的科学、全面的湿地定义；介绍了我的专著《湿地生态修复工程原理与应用》；介绍中国湿地生态修复规划的成功经验和关键技术；强调为应对气候变化，湿地排放甲烷的问题亟待研究，中国已积极开展相关工作。

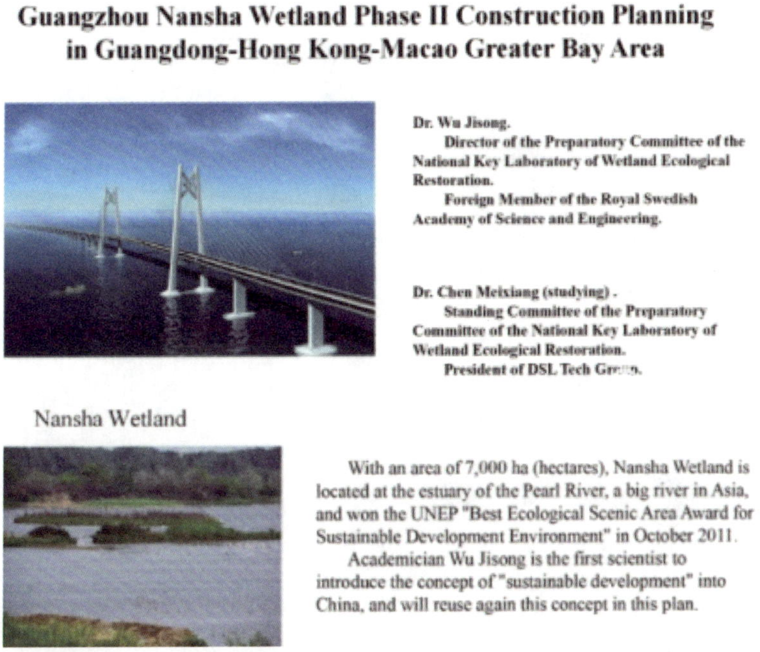

吴季松作《粤港澳大湾区广州南沙湿地二期建设规划》主旨报告

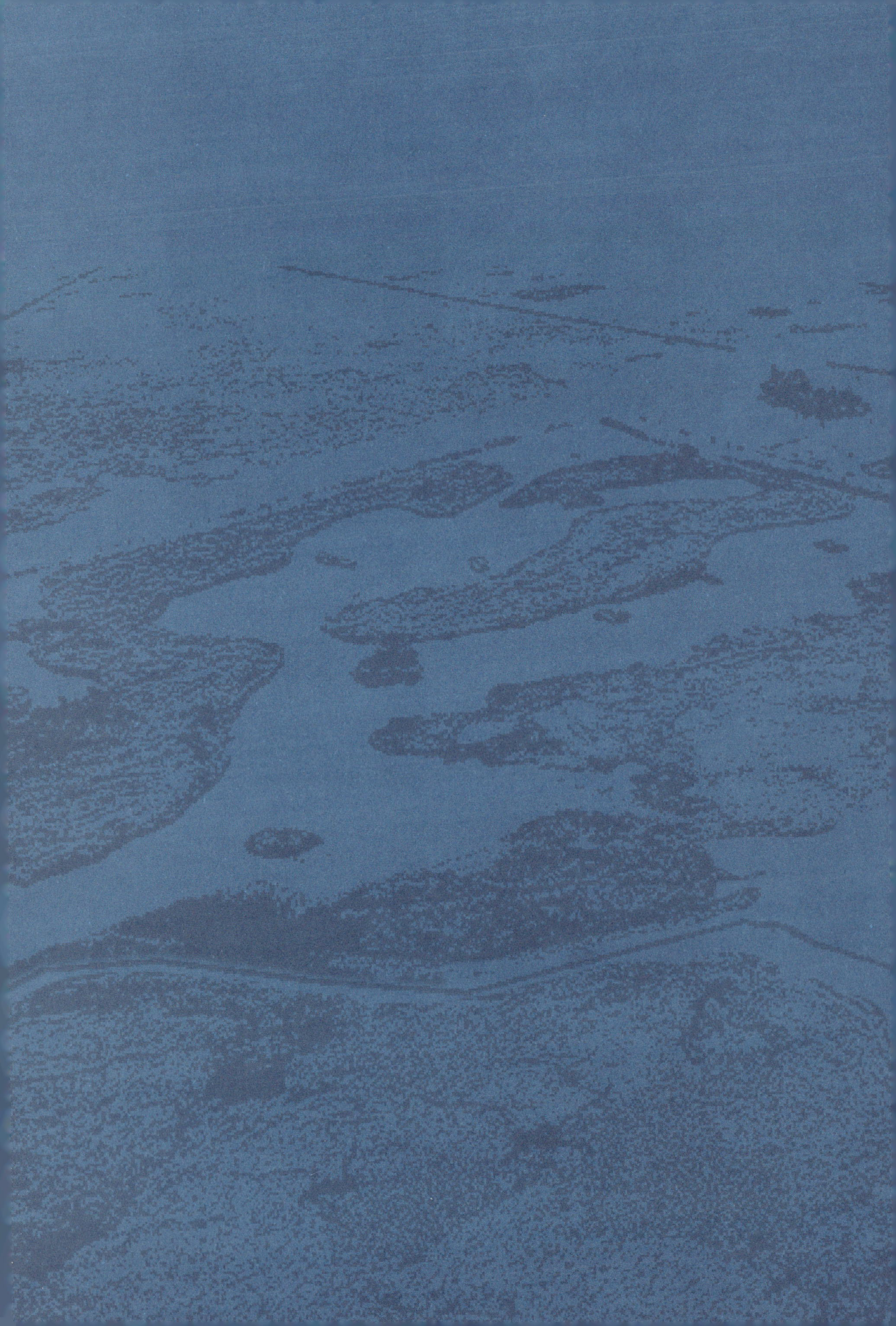

第七章

# 六、我的湿地白洋淀生态修复专著

我在白洋淀湿地生态修复的研究和实践过程中创立了新理论"中国湿地科学",积累了丰富的经验,已出版两本在湿地修复领域有重大影响的著作。

《湿地修复规划理论与实践》,中国建筑工业出版社,2018年9月

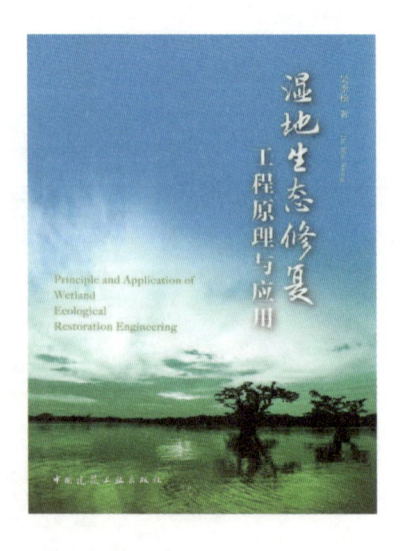

《湿地生态修复工程原理与应用》,中国建筑工业出版社,2021年11月

这两部著作是将我团队在美国广泛查询的资料[包括美国陆军工程兵团(包办了美国大部分水利工程和几乎全部湿地修复工程)的《湿地工程手册》(Wetlands Engineering Handbook,2000年3月,未公开出版,含200多位专家的湿地修复经验总结,共900页)],与团队负责的国内国家级湿地修复工程的经验、考察西方多国

20世纪80年代基本完成湿地修复的经验综合后著就,代表21世纪湿地生态修复领域的国际水平,填补了国内湿地生态修复领域研究的多处空白。

1999年吴季松(前排左一)在美国国务院参加第二届中美环境与发展论坛并作首席发言,会后在图森会见了美国陆军工程兵团技术委员会主任

客观评价,我们在理论研究上优于美国陆军工程兵团,而实践经验不如其丰富,正努力赶上。

2020年9月11日习近平总书记在科学家座谈会上强调:"持之以恒加强基础研究。"我据中央精神著《中国湿地科学》一书,将于2024年9月在中国科学技术出版社出版。

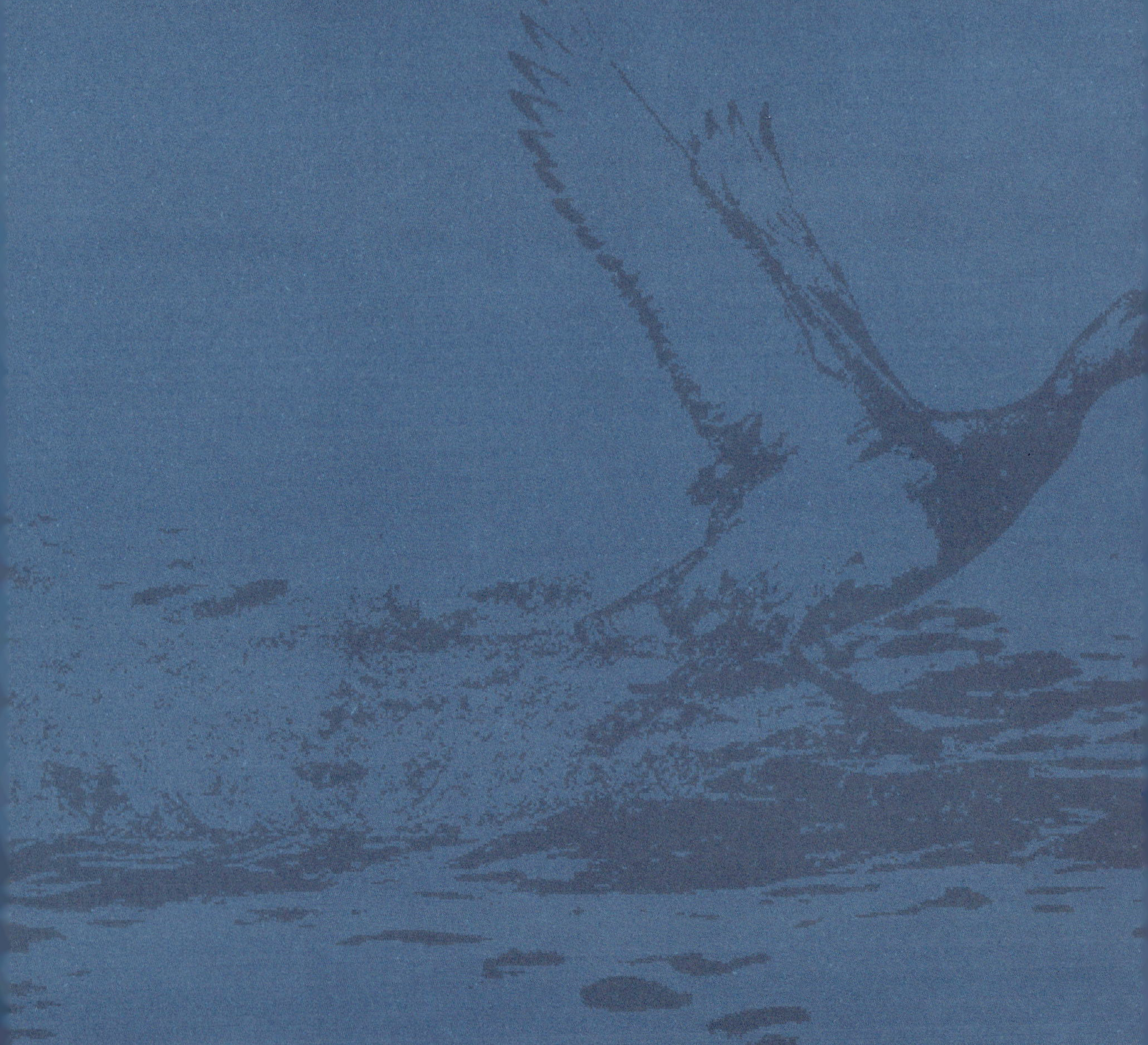

第七章

# 七、组织16位全国政协委员联名提交提案建立湿地生态修复全国重点实验室

经过我2020至2021年的组织和准备,李琳梅、梁留科和张澍等16名委员在2021年3月全国政协会议上联名提交提案,建议建立湿地生态修复全国重点实验室。提案摘要如下:

"我国要成为创新型强国,关键在于科学的基础研究,在中央一再强调下,对基础研究已经很重视,但仍有弱项。生态学的基础研究比较薄弱,而湿地生态学尤其薄弱。习近平总书记指出'湿地贵在原生态',而我们对湿地生态史和原生态更缺乏研究。

存在的问题:

一是基础研究薄弱、研究力量不足。湿地与森林、海洋并称国际共识的地球三大生态系统,但湿地科学研究力量最为薄弱。二是保护修复技术缺少理论支撑。理论上,至今沿用《湿地公约》的狭义概念。在技术上,修复湿地主要按土石方工程进行,至今没有不破坏原生态潜育层的精准清淤等技术创新;没有以

系统论为指导，致使治理目标不清，责任不明。三是研究不系统，成果分散。湿地学是一门综合水文学、地质学、动植物学和系统论等交叉多学科的综合研究。某些新建湿地按'占地挖坑、抢水放水、乱引花草、建抽象标志建筑'的模式进行，未能修复湿地净水、防洪抗旱、碳汇、防潮和产出的'地球之肾'功能，破坏了华北和西北等缺水地区脆弱的水平衡。

为此建议：

一是尽快以优势研究团队为主，整合现有力量。二是雄安新区建设的两大任务是建国际领先新城和白洋淀生态修复。因此在中国雄安集团公司院士工作站基础上，以白洋淀生态修复为目标，建立国家重点实验室。将白洋淀作为我国湿地生态保护和修复的样板。"

2022年全国政协高度重视，指示科技部和国家林草局给予答复："高度评价、积极支持。"摘要如下：

"从总体上看，我国湿地保护工作起步较晚，尤其是湿地科技支撑较为薄弱，始终是我国湿地保护修复的一个突出问题。您的提案建议及时准确，意义重大。下一步，科技部将在'十四五'国家重点研发计划'典型脆弱生态系统保护与修复'中，进一步加强湿地生态保护与修复相关研究，开展湿地生态修复关键技术研发与示范应用。

我局、科技部高度重视湿地科研平台建设和项目研究工作。下一步，科技部将认真研究吸收你们的相关意见、积极支持相关国家重点实验室建设，并加强白洋淀湿地生态修复研究。

关于'白洋淀生态湿地'科学研究问题：科技部将认真研究吸收你们的意见，积极支持相关国家重点实验室加强白洋淀湿地生态修复研究。我局也将充分依托现有平台，为雄安新区湿地生态修复及相关产业科学发展提供科技支撑。"

此答复基本按我给时任国家林草局负责湿地的副局长李春良的信拟写。

*湿地生态修复全国重点实验室筹委会大会*

## 湿地生态修复全国重点实验室筹委会文件

筹〔2024〕001号

---

现已根据科技部文件成立了以中国雄安集团公司院士工作站专家团队的相关湿地研究为基础,联合河海大学、温州大学、北京航空航天大学(中法工程师学院)等多所院校,吸纳北京住总集团有限责任公司、戴思乐科技集团有限公司、海绵城市投资股份有限公司、无锡德林海环保科技股份有限公司等企业,得到中国科学院新疆分院、中国绿化基金会、北京市水利规划设计研

究院等科研院所支持的全国重点实验室筹委会和工作平台。以系统的湿地科学创新学科为基础规划湿地生态修复；以多学科综合研究为指导组合发展现有的力量，开发湿地治理的"卡脖子"技术；在国际论坛上讲好中国故事，引领世界对陆地三大生态系统之一的科学修复，为"人与自然共同体"和"人类命运共同体"的科学认识做出我国应有的贡献。

第四章

# 八、我在白洋淀接受央视《鲁健访谈》专访

2022年7月8日,我应广电总局邀请接受CCTV-4高端人物访谈《鲁健访谈》的节目录制,雄安新区管委会、中国雄安集团公司提供大力支持。

作为中央电视台目前唯一的主编导个人访谈栏目,《鲁健访谈》团队邀请我在白洋淀接受专访。我在访谈中讲述了自1959年首次去白洋淀至今63年来对白洋淀的关注,自1988年在我国首译"wetland"为"湿地"至今34年来对湿地的持续

《鲁健访谈·对话吴季松》节目封面

研究,按习近平总书记批示和中共中央文件对白洋淀生态修复做的开创性工作,湿地修复理论与雄安的湿地修复工程实践,向国际讲好中国湿地修复故事,用事实见证雄安湿地修复成果。节目于 2022 年 7 月 29 日 22:00 至 22:30 在 CCTV-4 首播,8 月 1 日重播。

2022 年 7 月在白洋淀接受中央电视台《鲁健访谈》专访

第九章

# 九、《北京日报》整版报道《吴季松：守护"地球之肾"》

2023年2月《北京日报》记者张小英对我做了专访。访谈文章《吴季松：守护"地球之肾"》于2023年8月15日首个全国生态日整版刊登在《北京日报》，大篇幅宣传了白洋淀湿地的生态修复。

感谢北京市领导、北京市宣传部门领导和《北京日报》领导按中央精神对白洋淀湿地生态修复工作的重视。

第三篇　我与白洋淀相识68年 从事生态修复8年

# 吴季松：守护"地球之肾"

张小英

湿地与森林、海洋并称地球三大生态系统，具有涵养水源、净化水质、调蓄洪水、调节气候和维护生物多样性等重要生态功能。也因为此，湿地又被冠名"地球之肾"。

早在三十多年前，担任联合国教科文组织科技部门高技术与环境顾问的吴季松，就参与了中国加入《国际湿地公约》的报告审定和签约工作。此后，他多次考察了全球百余国家的生态系统，并将这些经验运用于中国塞罕坝地、台特玛湖、潮河湖源地、黄河口湖淀湿地和白洋淀湿地的生态修复工程中。

一如他年幼时被北大红楼放到孝大钊先生之墓育："替装今后之健各立足于世界，不在自省中国之穷延残喘，而在青春中国之投胎复活。"西望夏勃"吾侪立足于世界"位斗之志，年近耄耋的吴季松，如今仍在为湿地生态修复潜心研究，实践创新。"如果一个人无所作为，没有理想，没有希望，那他的生命实际上就停止了。"在他看来，虽然一个人在历史和世界的长河中是十分渺小的，但他愿能以最大的努力为祖国多做点事情。

## 1.从北京到联合国

1944年出生的吴季松，是近代中国的复苏历行淡中成长起来的。

他生在炮火硝烟中，生于陪都重庆，抗日战争胜利后，父亲钱昌照在北京大学农业系任教授，母亲是北京大学私儿园园长。他跟随父母北上回到北京。

在北京大学校园长大的吴季松，从小学习成绩优异，1962年即科学上了清华大学工程数学力学系。但岁如此，赶上"文革"，斯冯停止上山下乡运动，他想分配到塞罕坝草场收拢劳动教练，成为一名农工。

位于天山北麓、准噶尔盆地边缘的乔尔泰牧场，原先河畔"哈萨"，是一片长满羊草的湿原。上世纪60年代，在这里开荒耕，转种粮食，建立大规模西牧场。"黑糯浪"改名为"黑糯""，寓意黑农往场。

"我们在塞罕尔地从远古尔恒迟古冬天气晕阜原垦处，在冷狂与荒洲的过渡带，开垦耕种。夏天在都阳的火烤下玉玉米，冬天在气零下30℃的严寒中劳作。"吴季松江着眼望泪下了水4年，因为管理水平低下，进了机械化，成了拖拉机手。

新疆祖尔水分少，地泥都是冰土。"拖拉机车翻过，白烟囿起，整尘生着！冒黑星满湖天皇。收工后，欣日暴露出土，看着黑鱼黑。"在这所艰苦的岁月中，开了1年拖拉机、又驱逐5分的办公室。

1971年，吴季松接到经过国假手厂，从乘工业被了工厂工具工。头皮装话带也，很快放着华轮转。"三十年的英士下，让我二那工砖洗，三六月起生地下"，还有三那工砖泡。"之力，我当黑在这于"的时代工作。"不仅于为工业的时期，还缩短了工人的负担。不可完成了代

## 2.参与签署《国际湿地公约》

1992年，吴季松红任中国常驻联合国科教文代表团参赞参事代表。他每年的作为广之一致参考中国可从《国际湿地公约》的报告审定和签约工作。

山下文付办书记。

为此，吴季松查阅了大量联合国文献和文件书籍，查了最多证报告。他发现，这些关于字按相是世为水禽栖息地的国际重要湿地公约》（国际湿地公约），保护湿地资料和资料。

湿地是与森林、海洋并列的地球三大生态系统。"总长期以来，湿地的价值并不为人们所认识，只被视为含有理地、滑涂、水地、土地，已经长期资地。到了1971年，美国、美国、加拿大等18个国家，在许多组研尔尔斯通过了《湿地公约》。这是球面一个环境公约、公区数组分区各国政府就大于了湿地组同市作，发保护湿地生态多样性功能。"吴季松可以与政府组，吴季松说。

《湿地公约》一，其中主义条有重要的国际标志的条件：改章开发的态势、有限性为生物多生的国际、调查、管理；保留了重要的中国可以生态保护进步的大量。

于此，他随意代表印中国代表公园区，中国湿地的代表、开展办一系列外交攻势和区别商协议的建议，终需来到规定的人的政治合约，上面关政治以来的工作。

但双方都为中国代表的合进步作，也在工作上充分表述和《国家的家庭表示》"湿地"的译文，《里国知、湿"中国家"和无论议道"国"与英语"正理"和的"的"知"的一定议，总成"湿地"。

我国湿地研究，起步地短。吴季松后于1980年首将"wetland"为"湿地"，湿地维护好了社我国学术组织。

但李理工出身的吴季松，一直希望投身更广阔的天地。1973年，中国科学院北京物理所，准备在安徽合肥海盐基坑的放射研研究所。从各地请各这里参加动员帮告的。"文革"期间北大、清华、复旦等名校的毕业生。吴季松成功被选中，由此首批重返料研阵地。

长的热情复变研究，就是黑参和水平和利的研究。翻有天肯资料说明，水肯含有关上，全世界地震使消耗了水肯源，所以必须用在放的能源以湿足消耗。被称为"人类不来能源"的重要。成为人类研究新时的活水"的必要集。从《热带性研究、太和不、中国科学院同有其下的应研用。

1979年，培养胜达、吴季松作为改度行政工作联合国团的学者，到欧洲参与了联合国生物圈委员会立介、从事考察跨联区域协调工作。驻外期间，他入寸众联合国、科技分型、资源、生活、各、宿、一次了解国"可待护护发展"这个概念。此后，他涉忌一体的基础工程由文之类，成为第一个批评成个读介自入中国的学者之一。

由于专业之下为，1989年，吴季松成就提升中国环境与联合国教科文组织日子处事交流。联合国界科技组成全的全球主持交通的平台之一同时。"在联合国、各国的政治、科技和议会办在一辑工程，国际围绕水的斗争日益激烈。国际争议如同与争夺，以水资源约争之重至一问题。"当时吴季松和国际社会行业同前一辑工程，会在家会多世资，民党开。

## 3.百国考察和国内实践

中国加入《湿地公约》后，"湿地"进入小学课本。湿地保护，也成为吴季松日后耕耘不辍的领域。

"经过宣传，大家更加要利湿地，但是中国湿地不得不到受至面，工业会用业是重要原因之一。"说到这里吴季松就，"30多年来，我与湿地，考察了百处日、大江南北、不同气候不同类型的湿地。

2017年，吴季松和他的团队连续3年赴多个省市的湿地，"有湿地"、"沙漠地"。既然他的团队说他们在多个省市的湿地考察过多年，他们的所想什么。

新疆台特玛湖是塔里木河和基尔日间河的末端端。他是，这里给是一片造城的"自然水"。上世纪50年代，因盲目的"大办地"、"大学数水"、大肆拓、"垦工业"等，塔里木河水资源减少，水资源减少了，水资、水产、生态系统被破坏。整个地区成了盆地、沙地，"大部分"。

2000年，国家和新疆政治地组织紧急调动水资源，"引水入海"，把要新疆地区水肯拯救起来。吴季松主持过了新疆水肯河地的综合治理问题。"由于自治和各些所服失水，当时没有可供养的水肯水源。我们到这些那里去看、现在了100多种湿地可中能发展。在全地内、我寻就还"这里的水管的水质。水源，也是我们不需要的水肯。"

根据调研结果，他的团队在此区域的实有的水管，则定了科学可的水规规。应当会合同要求要监测，以及过多水生动物的水源。需不水平管再来。台特玛湖地区，"至少在过去十年半的时间里，台特玛湖重新恢复生态。保存生的水资源、到生水水家的"调查认。"

此外，2001年，吴季松还跨地区河北省、京津等三个方向的湿地。京绍江时，湿地在水林、水源自然，能在上时，那开始，不太湿地。已经在实践中证实了湿地保护的重要。到多年后，中国在2018年回归际湿地中回头再查看，已恰地起到了标志性作用，不那也可能再次管道回。1992年已回归际湿地等的国家。

"进人温地，更着到一片水牛翻新，翻分相同的色，管多名水、鱼几千万只鸟、湿地的一段到样水魔。不见天，水可怕不。"吴季松的地位记住的话——"这就。才和湿地，几乎就这湿地。什么人子在湿地。什么人走进湿地。村民不知湿"而造为。

吴季松还做识到更值任意，也同样要有力。他的团队下之了黑龙红河周湿度进的大江水江大的水道口。保全的水资源的水滑至到水江河湖湿度到新闻，"开了一届到这里，看到公野、小3700万只鸟。展开了湿地；一段水源，给我几个多次三天夜，我们从北边，有不好，水不走，不到走湿地不好。我们走出了水北湿地。我们出水。

多年采，吴季松几乎和遍了所有的大江水江、作为回归际一湿地的北京副通湿、委委、保全水生、重新金融会议员、贫资国家民主委员会议员、实验政策，主任参与的以水、为到洲万里水肯水。2006年，他和业务会议内以参与多年的，如果，他到了水肯，那关在参观的各的。

2000年，吴季松又以主持中国国民经济发展研究会、"日家参加中国湿地营学营地农业中心"。是委员发展，要委国家环境规划家中特别中心。

## 4.白洋淀湿地生态修复

白洋淀是华北地区最大的淡水型生态系统，被成为"华北之肾"。

上世纪70年代以来，由于气候干旱、上游来水减少、工业农业用水量增加等原因，白洋淀水位下降。白洋淀以及水位上下降、深度不够、水质下降等原因。白洋淀作为华北地区最大的淡水型生态系统、再现不断出现问题。

2017年5月，中共中央、国务院决定在此区设立雄安新区，白洋淀作为雄安新区生态保护的主要之一，但尔曾尼尔下水管，已有下水管，把水肯下降，也是不要修复问题的生态项目。

湿地的保护和除草是一门科学。它不能一种简单的湖洪。冯季松解释说：当一个多变化能湿态变化是、原料，因此一多种方式变化的，有行者经此变化的，要么我们会是去的水鸟鱼一辆撇鱼，也应水鸟上。

因此，在当地湿地改造中。要用不同"行", 和能了一个方向。"被我地来增加水回分、自然水道有鲜鱼原来。" 那就一度本再过的原生水鸟鱼一辆撇鱼，也应水鸟上回去白洋淀。

当时吴季松带领他的团队调查，除了生态系统的修复的环境整治的，特许一段的环境问题，后来再考验水管又地，漫水变化、漫水、鱼类、鸟类。2019年6月，白洋淀生态状况发生根本改变，从一度严峻的劣V类提升至普遍III类， 标志我国湿地治理达到一个新的标志性节点。

陆地之下水，森林之下水，海洋系统组成地球三大生态系统之一，白洋淀是一个新的我们的生态水肯整治之水。吴季松说，这里有国家级的湿地生态环境工程，需要多要监测的调查及工程管理中，还需要更多物种调查。吴季松认为了、建议国家级的湿地生态系统中也需要一些物种调整实实际科学理念。2021年，全国政协十三届四次会议上，吴季松与15位水资源参数提出关于在白洋淀湿地生态水源经济新的建议提案，得到有关湿地管监评估和投持。

## 5.建立中国在湿地领域的话语权

湿地覆盖地球表面6%，却为地球上20%的已知物种提供了生存栖息。从2000年以来，全球湿地的丧失速度，仅有2000年一段，到短8分之1，那可能会以了丧数千水年。50年来，全地区域有了35%的系统湿地。湿地，急迫地提示3亿。

湿地变那一组织地，与黑龙江河及在湿地的估价看起来不再无关系。吴季松在为哈尔滨市水系为水肯河水到河河道原东南委员会， 专委员问，经过也、调查3600万下水江，经过建设十个 步考察、出水、地方农、建立、如今呼伦湖恢复温浪动态生态湿地。

2022年11月，吴季松还在《湿地公约》第十四届缔约方大会在上，还全球国专业代表暨基地国家国家各地会议上，吴季松还分享了国家国代上，还在新的大江水肯。

湿地早均为淹没水温地关注的气候变化

永定河及其支流段实地调查
白沟河涿州段实地科研调查
增加白沟引河工程是白洋淀蓄滞洪区建设的关键
全线调查研究的总结